El realismo político

Pier Paolo Portinaro

El realismo político

(Nueva edición ampliada)

Traducción del italiano de Manuel Cuesta

Alianza editorial
El libro de bolsillo

Título original: *Il realismo político*

Diseño de colección: Estrada Design
Diseño de cubierta: Manuel Estrada
Fotografía de Javier Ayuso

PAPEL DE FIBRA
CERTIFICADA

© 2023 Editrice Morcelliana
   Via Gabriele Rosa, 71 (Brescia, Italia)
© de la traducción: Manuel Cuesta Aguirre, 2025
© Alianza Editorial, S. A., Madrid, 2025
   Calle Valentín Beato, 21
   28037 Madrid
   www.alianzaeditorial.es

ISBN: 978-84-1148-860-0
Depósito legal: M. 24551-2024
Printed in Spain

Si quiere recibir información periódica sobre las novedades de Alianza Editorial, envíe un correo electrónico a la dirección: alianzaeditorial@anaya.es

Índice

A Norberto Bobbio,
maestro de «realismo con rostro humano»,
en su nonagésimo cumpleaños.

Introducción

1. Vuelvo a proponer aquí, pasados más de veinte años ya, un pequeño libro que lleva tiempo agotado. Cuando lo publiqué —en 1999[1]—, florecían aún las esperanzas sobre un nuevo orden mundial (unipolar) que pudiera hacer dar a las relaciones internacionales el paso —largamente anhelado— hacia una constitución cosmopolita del mundo. Hacía poco todavía de las celebraciones del bicentenario de la «paz perpetua» de Kant y parecía que en el estudio de las relaciones internacionales había pasado a prevalecer el planteamiento ético. Volver a proponer —incluso con las debidas cautelas críticas— una línea de pensamiento asimilable a la fórmula del «realismo político» no podía sino antojarse, a ojos de

---

1. En 1999 cumplía noventa años Norberto Bobbio; de ahí la dedicatoria de la página precedente. La misma, por tanto —a pesar de que Norberto Bobbio muriera en 2004—, que en aquel texto inicial del que el presente vol. es una «nueva edición ampliada». *(N. del T).*

muchos, un ir contracorriente o, en la interpretación más benévola posible, un ejercicio de historia arqueológica.

A primera vista, los decenios que siguieron al giro de 1989/1990 parecían desmentir, por lo menos en tres aspectos, las principales asunciones de la tradición realista. El proceso de globalización volvía a proponer, en efecto, una ilusión que ya estuvo arraigada en la cultura occidental en vísperas de la Primera Guerra Mundial: el convencimiento de que el avance de la interdependencia económica haría cada vez menos plausible que se recurriera a esas formas de violencia organizada que son las guerras[2]. En paralelo a eso, precisamente el estudio de las relaciones internacionales celebraba su *ethical turn* (giro ético): la exigencia de ponerse ante los ojos los grandes crímenes del pasado ponía en marcha —sumada a la cultura de las reparaciones materiales debidas a las víctimas, y de las peticiones de disculpas por aquellos crímenes en el plano simbólico— un proceso de moralización de las relaciones internacionales que, por lo demás, tampoco carecía de enojosos efectos colaterales (valga de ejemplo el vínculo existente entre la radicalización de la necesidad de expiación por un lado, y el auge de la cultura de la cancelación por otro[3]). Daba la impresión, por último, de que la revolución informática relativizaba todas las grandezas reales. El surgimiento de una realidad virtual —que se consideraba más influyente

2. En esta «utopía razonable» se ha inspirado buena parte de la literatura contemporánea sobre relaciones internacionales; véase, para todos, J. Rawls, *El derecho de gentes*, trad. cast. de Hernando Valencia Villa, Paidós Ibérica, Barcelona 2001.
3. Véase E. Barkan, *The Guilt of Nations. Restitution and Negotiating Historical Injustices*, Norton, Nueva York 2000.

que la realidad «real»– parecía dejar obsoleta la vieja concepción de la historia en la medida en que se presentaba como una poderosa herramienta de cancelación de las verdades fácticas[4].

Aunque muchos acontecimientos de los mencionados decenios –crisis económica, crisis migratoria, involuciones autoritarias...– no han dejado de menoscabar tales ilusiones, dando lugar a peligrosos vuelcos en el terreno de las opciones políticas –sirva de ejemplo el *brexit*–, la querencia de resistirse a aceptar la realidad –aunque también podríamos decir «la necesidad de autoengaño»– fue encontrando otras confirmaciones. Con el 24 de febrero de 2022, sin embargo, el lado malo de la historia reapareció sin máscaras. Porque es verdad que la guerra tampoco había desaparecido, ni mucho menos, en los decenios precedentes; pero daba la impresión de que, por lo menos, solo había de sobrevivir bajo la forma de la guerra defensiva (en su acepción más amplia, incluyendo las guerras de liberación colonial, las insurrecciones antiimperialistas, las guerras de secesión motivadas por razones étnicas o religiosas, o las llamadas «guerras humanitarias», emprendidas con base en la doctrina de la «responsabilidad de proteger» para amparar a poblaciones civiles o a minorías frente a graves violaciones de los derechos humanos)[5].

La desprevención en que nos hemos encontrado ante los sucesos más recientes constituye la prueba, por desgracia, de cuánto daño puede hacer la presunción de que se poseen unos paradigmas interpretativos de la realidad que son más

---

4. Véase L. Floridi, *La Quarta Rivoluzione. Come l'infosfera sta trasformando il mondo*, Raffaello Cortina, Milán 2017.
5. Véase L. Scuccimarra, *Proteggere l'umanità. Sovranità e diritti umani nell'epoca globale*, Il Mulino, Bolonia 2016.

adecuados —y, por tanto, alternativos— respecto a los que ha puesto a disposición y ha ido progresivamente afinando una tradición milenaria. Constituye la prueba, sobre todo, de cuánto daño pueden hacer dos sesgos que, quienes se remiten al realismo, intentan contrarrestar siempre: en el plano del análisis, el achatamiento del presente, la miopía en los diagnósticos; en el plano normativo, la incontinencia utopista, el narcisista *wishful thinking* («pensamiento iluso-rio»). La miopía es, también en política, incapacidad para mirar con distancia, es decir, considerando arcos temporales largos (lo mismo hacia el pasado, que hacia el futuro); con-tra ella se debe hacer valer el arte maquiaveliano de «prever de lejos» (*prevedere discosto*). El utopismo es, por el contra-rio, la querencia a asumir que basta con oponer un ideal a un mal que se quiera eliminar, para neutralizar la negativi-dad que emana de lo real. También en este caso se trata de apropiarse —adaptándola debidamente a las circunstancias históricas— de la lección maquiaveliana de la ponderación de los medios útiles para alcanzar los fines[6].

Con demasiada frecuencia se constata, sin embargo, el siguiente desequilibrio: por un lado se da una hipertrofia en la teoría normativa de la justicia —esto es: en la teoría de una acción guiada por normas universalistas—, y parale-lamente a ello una precariedad —en el sentido de pobreza de variables y de imprecisión a la hora de establecer corre-

---

6. Véase I. Berlin, *Il senso della realtà. Studi sulle idee e la loro storia*, Adelphi, Milán 1998 [trad. cast. de Pedro Cifuentes, *El sentido de la realidad. Sobre las ideas y su historia*, reed. en Taurus, Madrid 2017; ed. original: *The Sense of Reality: Studies in Ideas and their History*, Chatto & Windus, Londres 1996], y B. Williams, *En el principio era la acción. Realismo y moralismo en el argumento político*, [trad. cast. de Adolfo García de la Sierra, Fondo de Cultura Econó-mica, Ciudad de México 2012].

laciones entre las mismas— en la teoría descriptiva de la acción estratégica, es decir, en la teoría que busca la «verdad efectiva» (*verità effettuale*). La primera enseñanza del realismo es que nunca se puede prescindir de la consideración de los intereses y las motivaciones psicológicas de los actores, sobre los cuales inciden variables geoeconómicas, geopolíticas y demopolíticas. En su atención a lo concreto, en su orientación idiográfica, el realismo se dedica precisamente a esos factores. El análisis de los fines se conecta siempre con el análisis de las motivaciones. Unos fines y unas motivaciones —esto conviene no perderlo de vista— que nunca se dan en abstracto, a la manera de la «posición original» (*original position*) rawlsiana, sino que se ven afectados siempre por las «posiciones derivadas» propias de los actores, y eso dentro de un campo de tensiones en el que estos son fuertes o débiles, vencedores o vencidos.

2. El realismo político no puede atribuírsele a una única escuela; no constituye una doctrina o una teoría en sentido estricto, sino más bien una metateoría que en absoluto acepta el debilitamiento del vínculo entre ciencia política e historia, como tampoco se resigna a los excesos de empirismo y normativismo de que adolecen las ciencias sociales contemporáneas[7]. Lo que dificulta una definición precisa del realismo político es su condición de paradigma de pensamiento transepocal; pues eso significa que cada época lo hace suyo y lo remodela. Sus coordenadas las determina, en efecto, el

---

7. Para una crítica de la *hýbris* moral de la era científica, véase H. J. Morgenthau, *Scientific Man versus Power Politics*, University of Chicago Press, Chicago 1946.

mundo griego (concretamente con Tucídides); Maquiavelo retoma dichas coordenadas en la estela del redescubrimiento humanístico de la Antigüedad clásica y las desarrolla de manera sustancialmente fiel. Hobbes, quien es hijo, en cambio, de la Revolución científica que inaugura la modernidad, se apropia de esas mismas coordenadas —no hay que olvidar que tradujo a Tucídides— y las coloca dentro de un nuevo modelo racionalista. Pero también autores tan distintos como Hegel, Marx, Nietzsche, Weber o Schmitt han de adscribirse, todos ellos, a este paradigma de pensamiento. (Y es por las múltiples discordancias de tales autores por lo que dicho paradigma vuelve a proponerse, en el siglo xx, en términos de enigma epistemológico).

Para entender adecuadamente el realismo político es necesario remontarse a sus orígenes, poniendo de relieve que, si este paradigma se forma metodológicamente en el seno de la historiografía pragmática, eso se debe a que su padrino de bautismo fue la época en que el pensamiento se aventura más allá del umbral de la «pequeña política» (la política interna de la polis) para llegar al nivel de la «gran política» (la competición por el control de un «gran espacio»: el Imperio persa, la talasocracia ateniense, la coalición continental espartana). No es complicado abstraer de la obra de Tucídides —que es la historia de una gran guerra, de la primera gran guerra habida en el ámbito de Occidente— las bases de esta línea de pensamiento: una visión desmitologizada y desencantada de la historia —una visión que sitúa a los individuos y a los colectivos en el origen de los acontecimientos políticos, excluyendo la intervención divina o de otras fuerzas mágicas—, una antropología política centrada en poner de relieve los esquemas de la conflictividad social, una concepción crudamente utilitarista del poder —cuya representación más eficaz es el diálogo entre los atenienses y los melios del libro quinto de la *Historia de la Guerra del Peloponeso*—, una teoría dinámica del poder y una concepción polemológica de lo político[8].

Para Tucídides, el proceso histórico es el resultado del entrelazamiento de la necesidad (*anánke*), la casualidad o contingencia (*týche*) y los factores humanos (*ta anthrópina*). Es la necesidad —que no conoce ley— lo que tiene en jaque a la voluntad del hombre de dominar el mundo según sus propios designios, pues ni siquiera quienes dominan pueden hacer valer su criterio más allá de lo que les permitan las leyes de la naturaleza y de la historia. Es complicado determinar la mezcla de casualidad y necesidad, e igualmente indeterminada es la composición de los factores humanos que se activan en las distintas situaciones. De eso aspira a ofrecer cierto panorama el presente libro. Aquí baste decir que el resultado no es una visión optimista, teniendo en cuenta (i) que los factores humanos son solamente la tercera parte de los tres tipos de factores que determinan el curso de la historia, y (ii) que en ellos se incluye tanto la racionalidad, como la irracionalidad[9]; tanto la prudencia, como el fanatismo; tanto la capacidad decisoria, como el *éros* subversor de la ley. Cuando Tucídides habla de factores humanos,

---

8. Véase al menos H. Münkler, *Im Namen des Staates. Die Begründung der Staatsraison in der Frühen Neuzeit*, Fischer, Frankfurt del Meno 1987, y N. Stockhammer, *Das Prinzip Macht. Die Rationalität politischer Macht bei Thukydides, Machiavelli und Michel Foucault*, Nomos, Baden-Baden, 2009.

9. Y eso sin perder de vista que se dan varios tipos de racionalidad, por ejemplo la instrumental frente a la axiológica, o la estratégica frente a la comunicativa.

no se está refiriendo a una totalidad armónica, sino a algo que nos remite al «politeísmo de los valores» weberiano.

Es dentro de este marco de variabilidad como ha de entenderse también la asunción tucididea de la inmutabilidad de la naturaleza humana. En la multiplicidad de pasiones, capacidades y disposiciones que integran la tabla de *ta anthrópina* —de los factores humanos—, es posible identificar algunas constantes. Por eso Tucídides, que está buscando una guía que oriente en el caos, se fija en las motivaciones. Y las motivaciones de la acción política son, para él, el miedo (*déos*), la utilidad (*ophelía*) y el honor o prestigio (*timé*), conceptos que ya presentan su valencia doble, pudiendo considerarse desde la perspectiva holística —nosotros diríamos «sistémica»— o desde la perspectiva del actor. Se trata de categorías que reaparecen en el léxico latino —*metus, avaritia* y *ambitio*—, desde donde pasarán al léxico maquiaveliano. Solo desde el punto de vista del vocabulario varía sustancialmente, en efecto, la concepción de la historia y de la política que encontramos en Maquiavelo, a quien es habitual considerar —y también erróneo, habida cuenta de las afinidades recién evidenciadas— el fundador del realismo político.

Por lo demás, el realismo enfoca la realidad política como el lugar del conflicto, proponiendo una visión polemológica del mundo: donde no hay guerra entre unidades políticas (entre Estados), hay guerra civil (disociación desde dentro). La plantilla con la que descifrar el acontecer se articula en términos polares de amigo-enemigo. «La contraposición política es la más intensa y extrema de todas, y cualquier otra contraposición concreta será tanto más política, cuanto más se acerque al punto extremo: al del agrupamiento con base en los conceptos de amigo y enemigo»[10]. Esta idea no encontró su formalización hasta el siglo XX —en un marco coyuntural específico de crisis del modelo de la estatalidad moderna— con la definición del criterio de lo político por parte de Carl Schmitt; pero que la acción política no es otra cosa que una modalidad de acción estratégica por parte de grupos organizados en condiciones de conflictividad extrema, eso es una constatación que a Tucídides o a Maquiavelo les habría parecido simplemente obvia.

Interpretar la realidad desde la lógica amigo-enemigo equivale a atribuir una primacía a la política exterior. Decir que el terreno político se estructura con arreglo a las relaciones amigo-enemigo implica, en efecto, que quien da forma a los ordenamientos es siempre quien sale victorioso de un conflicto. El derecho que regula las relaciones sociales no es el de la parte que sucumbe, sino el del vencedor (como atestiguan los tratados de paz más duraderos de la historia y, más recientemente, también el ejemplo del derecho penal internacional). De las grandes guerras se dice, con buenas razones, que son «ordíficas» —en el sentido de que revolucionan el sistema internacional que las produjo y hacen que, del mismo, surja otro—, pero también «caotíficas» en la medida en que generan macroespacios atravesados por demasiadas fracturas[11]. Tal fue el caso de la Primera Guerra Mundial,

---

10. Véase C. Schmitt, *Le categorie del «politico»*, ed. de G. Miglio y P. Schiera, Il Mulino, Bolonia 1972 [esta colección de escritos de C. Schmitt en trad. italiana incluye *id.*, *Der Begriff des Politischen* (1932), texto del que hay trad. cast. de Rafael Agapito, *El concepto de lo político*, reed. en Alianza Editorial, Madrid 2024].

11. El «ordífico» y el «caotífico» recogen, respectivamente, los neologismos/tecnicismos italianos *ordopoietico* y *caospoietico*. Ambos vocablos están construidos con el verbo griego ποιέω *poiéo* («crear», «generar», «producir») como elemento

que con la disgregación de los imperios generó una pluralidad de sujetos estatales que estaban en conflicto entre ellos
e incluían minorías ingobernables. Privilegiando los conflictos entre las clases dirigentes sobre los conflictos de clase —alineándose, por tanto, más con Pareto que con Marx—,
el realismo se fija siempre en la heterogeneidad de los sistemas políticos —repúblicas y despotismos, democracias y
autocracias militares—, así como en el modo en que tal heterogeneidad se refleja en los conflictos internos.

De esta visión conflictualista de la política se desprende
una concepción «ejecutivista» de la actividad de gobierno:
no es el poder legislativo, sino el poder ejecutivo, lo que define como tal a la unidad política y está en el centro de esta.
Durante mucho tiempo en la historia se consideró que era
en el mando militar donde realmente radicaba el poder político. También la superioridad del modelo estatal moderno
respecto al de las polis de la Antigüedad debe atribuirse al
carácter monocrático del Estado —bien representado por la
institución monárquica— frente a la deliberación asamblea-
ria —en la *ekklesía*— de la política griega, con su confusión
entre el proceso legislativo y la decisión soberana. En principio, la unidad excluye el pluralismo y la policracia; excluye la coparticipación en las decisiones últimas. Solo en la
fase en que la estructura unitaria del Estado nacional esté ya
consolidada, podrá ponerse en marcha el proceso de democratización, con la consiguiente legitimación del pluralismo;
solo una vez garantizada la funcionalidad de la legislación
de cara a la conducción de la alta política —no antes—, podrá

---

final, mientras que el elemento inicial del primer vocablo es el sustantivo latino
ordo («orden»), y el del segundo el sustantivo griego *cháos* («caos»). *(N. del T).*

reconocerse como la sede del poder soberano el Parlamento, es decir, el órgano representativo de la pluralidad y de las diferencias. Pero con la reserva —teorizada por Carl Schmitt— de que la auténtica soberanía se da en el momento de decidir sobre y en el estado de excepción[12].

3. En este paradigma —si se quiere, rudimentario— quedan por tanto claramente de relieve los rasgos distintivos del realismo político. Se trata de una concepción fundamentalmente escéptica, que no se hace ilusiones sobre la posibilidad de desterrar de la historia el azar y la irracionalidad, sobre la posibilidad de gobernar los macroprocesos históricos que configuran las épocas, pues ni siquiera los actores colectivos más potentes logran ejercer control sobre tales macroprocesos. El realismo no se hace ilusiones sobre un posible cambio de la naturaleza humana —sobre que esta pueda experimentar un perfeccionamiento moral progresivo y duradero—, ni tampoco sobre la posibilidad de neutralizar de modo definitivo esa *hostilidad* que produce los conflictos violentos, la cual hunde sus raíces, a su vez, en el hecho básico de la *escasez*, que genera una competición agravada

12. Carl Schmitt debe ser considerado —no solo por su formalización del concepto de lo político, sino también por esta concepción ejecutivista del poder estatal— el representante más radical del realismo político del siglo XX; de su pensamiento ha tomado elementos, a partir de Hans Morgenthau, una amplia y variada corriente de estudiosos. Véanse al menos C. Schmitt, *El concepto de lo político* y *La dittatura. Dalle origini dell'idea moderna di sovranità alla lotta di classe proletaria*, Laterza, Roma/Bari 1975 [trad. cast. de José Díaz García, *La dictadura. Desde los comienzos del pensamiento moderno de la soberanía hasta la lucha de clases proletaria*, Alianza Editorial, Madrid 2013; ed. original: *Die Diktatur. Von den Anfängen des modernen Souveränitätsgedankens bis zum proletarischen Klassenkampf*, Duncker & Humblot, Múnich/Leipzig 1921].

precisamente por los condicionantes antropológicos del miedo, la avaricia y la ambición.

Pero eso no es todo. Cuando hablamos de realismo político desde este marco clásico, también tendemos a insistir en cuatro características. Se trata, en primer lugar, de una *fenomenología* de la política: de un registro y descripción de lo que ocurre, ordenado en una sucesión cronológica y representado en su disposición espacial. En segundo lugar es una *arqueología* de la política, una búsqueda de las causas estructurales y, al mismo tiempo, de las ocasiones contingentes de los conflictos y de las dinámicas del poder; y esa es la aportación específica de Tucídides a la historiografía científica. En tercer lugar se trata de una *criptología* de la política, es decir, de un análisis de lo que queda oculto, escondido, secreto, pero resulta decisivo: de lo real que hay detrás de las apariencias, con otras palabras (y aquí debemos recordar a Tácito como iniciador de lo que la modernidad temprana celebró como teoría de los *arcana imperii*). Por último, el realismo político es una *praxeología*: un conjunto abierto y móvil de preceptos, imperativos hipotéticos ligados al contexto (aquí el paladín será Maquiavelo). Traducido al vocabulario de las ciencias sociales contemporáneas, eso significa que este planteamiento halla expresión en el esfuerzo constante por conjugar el enfoque sistémico y la lógica del autor.

En la base del realismo político encontramos un enfoque fenomenológico que va en busca de uniformidades conductuales en la extrema variedad de las culturas. Lo real que es su objeto de estudio es el producto de una acción humana en la cual reconocemos los siguientes rasgos: la anonimidad de los autores, la imprevisibilidad y la irreversibilidad del resultado[13]. Pero el realismo no es un banal positivismo de la facticidad: en su estrategia cognoscitiva es central la dialéctica realidad-apariencia[14]. La anonimidad, que es hija de la pluralidad de los autores y de la cadena de acciones y reacciones, desafíos y respuestas, permite ocultar en la opacidad de las interacciones la causa primera de muchos acontecimientos. La realidad está escondida porque los hombres, frente a las idealizaciones de la acción comunicativa, a menudo no dicen lo que hacen y, con la misma frecuencia, esconden con sus palabras lo que hacen con sus actos. El realismo es, por tanto, un análisis de la política que saca a la luz lo que está oculto y lo que la política oculta: lo privado y lo secreto, de lo que forma parte lo inmoral y lo ilícito.

Todos estos aspectos confluyen en la estructuración de un diagnóstico, arrojando luz sobre cuanto se sustrae al control racional de los actores, ya sea porque pertenece al pasado y tiene, en consecuencia, carácter irreversible, o bien porque se sitúa en una zona de penumbra que vuelve incierta su cognoscibilidad. Saber descubrir las causas remotas de las transformaciones y saber mirar detrás de las apariencias o de las razones que se aducen para justificar los comportamientos resulta, por tanto, esencial de cara a un diagnóstico correcto de las situaciones, como también de cara a la formación del juicio político. Porque aquí el análisis de los

---

13. Véase H. Arendt, *Vita activa*, Bompiani, Milán 1964, p. 233 [hay trad. cast. de Ramón Gil Novales, *La condición humana*, reed. en Austral, Barcelona 2020; ed. original: *The Human Condition*, University of Chicago Press, Chicago 1958].

14. Véase N. Bobbio, *Saggi sulla scienza politica in Italia*, Laterza, Roma/Bari 1977, pp. 9-10.

sucesos políticos está expuesto a un peligro recurrente: el de la construcción de hipótesis conspiratorias más o menos fantasiosas, que en el imaginario social operan como un potente factor desestabilizador incluso de ordenamientos dotados de legitimidad.

Del hecho de que el realismo político es un historicismo basado en una antropología de la defectividad y de la inestabilidad —y en una concepción conflictualista de la política—, se sigue necesariamente que las configuraciones del orden internacional y las formas de gobierno no se conciben nunca en términos de estabilidad, sino como fenómenos expuestos a un ciclo de transformación y corrupción. Hay, así, desde los historiadores antiguos hasta Maquiavelo, Gibbon y Spengler, toda una proliferación de teorías del ciclo político que anatomizan la fundación, el crecimiento, la consolidación y la corrupción de las constituciones y los regímenes. Por más que en tales transformaciones no pueda negarse un componente ineluctable, el curso de la consumación tanto del poderío, como de la corrupción, puede ser obstaculizado o demorado. En virtud de esta asunción, los adeptos del realismo político son también partidarios siempre de un realismo institucional: de un realismo que se preocupa por modelar las instituciones y legislar en conformidad con las condiciones dadas y con el material humano, teniendo en cuenta pasiones e intereses y adaptando las formas jurídicas a la «constitución material» (según la concebía Lassalle).

Quien evidencia del modo más notable el vínculo existente entre el diagnóstico y la praxeología es Maquiavelo, autor que en esto exhibe su originalidad, ganándose el derecho a encabezar el grupo de cuantos supieron cultivar «una sensibilidad para lo que es, más que cuantitativo, cualitativo»[15]; valga al respecto la gran significación de su fórmula «cualidad de los tiempos» (*qualità dei tempi*). La obra de Maquiavelo supone un giro fundamental porque inaugura la época en que el realismo político se eleva a la categoría de saber especializado de un grupo político que está profesionalizándose: la clase de los diplomáticos, a quienes, como supo poner de relieve Morgenthau, se atribuyen cuatro tareas fundamentales: «(I) Determinar los objetivos [del grupo al que se representa] teniendo en cuenta el poder del que (efectiva o potencialmente) se dispone para perseguirlos; (II) determinar los objetivos de los otros Estados y el poder del que los mismos disponen; (III) determinar la medida en que tales objetivos son compatibles, y (IV) utilizar los medios más indicados para perseguirlos»[16].

En general, los realistas no se hacen demasiadas ilusiones sobre las posibilidades de poner coto a la contingencia y saben que, en los momentos de crisis y conflictividad extrema, hay un alto riesgo de que grupos extremistas cometan *crímenes*; pero consideran que el diagnóstico es, al menos, el instrumento principal de que disponemos para perseguir

---

15. Véase I. Berlin, «Il giudizio politico», en *id.*, *Il senso della realtà, op. cit.*, p. 94 [de I. Berlin, «El juicio político»; trad. cast., además de la de Pedro Cifuentes, también de Alberto Supelano en *Revista de Economía Institucional*, 3, 5 (2001), pp. 109-122].

16. Véase H. J. Morgenthau, *Politica tra le nazioni. La lotta per il potere e la pace*, Il Mulino, Bolonia 1997, p. 504 [hay trad. cast. titulada *Política entre las naciones. La lucha por el poder y la paz*, Ediciones Jurídicas Olejnik, Santiago de Chile 2020; ed. original: *Politics Among Nations: The Struggle for Power and Peace*, Alfred A. Knopf, Nueva York 1948], donde este autor añadía —y se trata de una admonición cuya validez queda confirmada con la actual crisis— que «fracasar en alguno de estos cometidos podría comprometer el éxito de la política exterior y, con ello, la paz del mundo».

el objetivo de la minimización de los *errores* políticos, que están en el origen de las aventuras temerarias y de los crímenes. Este enfoque se esfuerza, como plantea de nuevo Morgenthau, por «poner de relieve, para salvar la comprensión teórica, los elementos racionales de la realidad política, dado que son precisamente tales elementos los que hacen que la realidad resulte inteligible para la teoría. El realismo político proporciona la construcción teórica de una política exterior racional a la que la experiencia nunca puede llegar plenamente»[17]. La adopción de un esquema racional de interpretación de la realidad no equivale, sin embargo, a afirmar la racionalidad de lo real.

Es evidente que los diagnósticos habrán de divergir según cuáles factores casuales se seleccionen, y según qué peso se atribuya a cuanto solamente cabe conjeturar; de ahí lo variado de las normas pragmáticas y consejos prudenciales tan abundantes en la literatura sobre el arte de gobernar. Y es evidente también que, de un diagnóstico realista, no necesariamente se sigue una praxis realista. En condiciones de incertidumbre y de imprevisibilidad del resultado, actores que dispongan de bagajes de experiencia distintos podrán optar por una estrategia prudente o por una apuesta arriesgada. De qué modo se determine en cada situación la correspondiente mezcla de ética de la «convicción» y ética de la «responsabilidad» –por retomar otra profunda intuición del realista Max Weber–, eso es algo que pertenece al núcleo enigmático del poder.

4. El realismo político es la matriz de cualquier teoría de la acción estratégica, una acción que contraponemos tanto a

17. Véase *ibid.*, p. 15.

la acción comunicativa, como a la acción que se guía con base en normas jurídicas[18]. Eso no significa que el realismo no aspire, como los «ismos» que con él compiten, a alcanzar la paz, o que no considere la paz un valor. Pero el realismo pone condiciones concretas a la consecución de la misma. La paz tiene, en efecto, por condición el orden, y el orden tiene por condición el poder; pero el poder solamente se consigue a través del conflicto. Y precisamente de esa circularidad —que está en el origen de la imposibilidad de someter el poder a una racionalización jurídica plena— son conscientes los autores que se declaran realistas.

Sobre las dos caras del poder, los griegos ya dijeron lo esencial: con el concepto de *krátos* ponían de relieve su dimensión natural, expresada en la «ley del más fuerte»; con el concepto de *arché* —referido al ámbito político—, ponían de relieve su dimensión artificial, mediante la cual la fuerza es canalizada y disciplinada por las instituciones y por el mando sujeto a reglas. La prevalencia del *krátos* frente a la *arché* queda bien representada por la primacía de los imperativos de la geopolítica frente a las normas del derecho internacional, así como por el uso discrecional que del derecho internacional hacen los grandes actores de la escena política. La realidad nunca está en equilibrio y las relaciones entre los actores presentan siempre asimetrías. (Pensemos al respecto en la centralidad de la categoría de «guerras asimétricas» de cara al análisis del sistema internacional contemporáneo)[19].

18. Véase J. Habermas, *Teoría de la acción comunicativa*, trad. cast. de Manuel Jiménez Redondo, Trotta, Madrid 2010.
19. Véase H. Münkler, *Der Wandel des Krieges. Von der Symmetrie zur Asymmetrie*, Velbrück Wissenschaft, Weilerswist 2006, e *id., Kriegssplitter. Die Evolution der Gewalt im 20. Und 21. Jahrhundert*, Rowohlt, Reinbek 2015.

La *arché* es algo derivado y superestructural respecto al *krátos*, exactamente igual que la constitución en sentido formal —construida sobre un equilibrio de poderes y magistraturas— es de carácter derivado y superestructural respecto a la constitución en sentido material, la cual presenta siempre asimetrías dinámicas.

Desde el reconocimiento de la ineluctable primacía del *krátos*, los realistas asumen como una constante de la historia la tendencia autoritaria latente de todos los regímenes políticos (también de aquellos que se basan o afirman basarse en el consenso, en la participación y en la ley); con eso se relaciona el reconocimiento de la legitimidad siempre imperfecta de los ordenamientos políticos. Aquí se plantea el problema de cuánta ilegalidad puede tolerar un régimen legítimo (un régimen que goce, en cualquier caso, de una legitimidad tradicional o carismática en sentido weberiano). A este respecto los cultores de la realpolitik adoptan, como es sabido, una línea de conducta bastante más elástica que los políticos morales (de inspiración kantiana). Como sabe bien quien haya estudiado las dinámicas de lo que los estadounidenses llaman *deep State* —el criptogobierno de los intereses y la seguridad, es decir, los servicios secretos y los poderes fácticos—, todo poder legítimo recurre también a instrumentos y prácticas ilegales o paralegales, los cuales en efecto no son una prerrogativa exclusiva de los regímenes autoritarios, por más que dichos regímenes se sirvan de tales medios a mansalva.

Para desordenar las nítidas geometrías de un enfoque racionalista de la política, el realismo llama la atención, además, sobre la dimensión patrimonial del poder, esto es, sobre el entrelazamiento a menudo inextricable que es el caso entre la economía y la política. Pone el foco, frente a cualquier idealización de la esfera pública, en el componente privatista (el interés individual) y particularista (el interés corporativo) de las motivaciones de la acción política. Del mismo modo que, según el enfoque realista, no existe ninguna forma de gobierno en la que no se mezclen lo público y lo secreto, tampoco existe ninguna forma de gobierno en la que no haya contaminación entre lo público y lo privado, entre el *imperium* y el *dominium*[20].

En contraposición a la perspectiva normativista —hija de una tradición que siempre ha afirmado la primacía del gobierno de las leyes sobre el gobierno de los hombres—, el realismo político tiende, así, a invertir la perspectiva; no en el sentido por supuesto de propugnar, con Platón, la prevalencia del gobierno de los hombres sabios, sino recurriendo a la mera constatación empírica de que las pasiones y los intereses y las capacidades de los agentes resultan ser, en general, las variables que deciden sobre la eficacia de los ordenamientos normativos. Este extremo se puede ilustrar con las siguientes palabras de un campeón de la realpolitik decimonónica, el canciller Otto von Bismarck: «Con malas leyes y buenos funcionarios (jueces) es posible, así y todo, gobernar; con malos funcionarios, sin embargo, ni las mejores leyes sirven para nada»[21]. El gobierno de las leyes está siempre condicionado

---

20. A este respecto es paradigmática la obra politológica de G. Miglio *Le regolarità della politica*, Giuffrè, Milán 1988, cuyo punto de partida son los análisis weberianos de las formas de poder patrimonial.

21. Carta de Otto von Bismarck a Hermann Wagener del 30 de junio de 1850, *cit.* en U. Wilhelm, *Das Deutsche Kaiserreich und seine Justiz. Justizkritik, politische Strafrechtsprechung, Justizpolitik*, Duncker & Humblot, Berlín 2010, p. 103.

por las voliciones de los hombres que las administran, que ora las hacen teniendo intereses que defender –individuales o corporativos–, ora las cambian persiguiendo intereses análogos (quien quiere cambiar una ley porque la considera injusta o inadecuada no será, desde luego, demasiado exigente en lo relativo al respeto de la misma, por parte suya propia o de otros). Para esta tradición de pensamiento reviste, por tanto, una importancia crucial el gobierno de los hombres, entendido como la capacidad para seleccionar y combinar talentos que poner al servicio de la cosa pública, donde la cualidad que se busca no es tanto la posesión de una insólito saber, sino la experiencia de los asuntos humanos (como también capta la metáfora platónica del «tejedor»).

Precisamente en virtud de estas asunciones, el realista se mantiene circunspecto ante los dos grandes mitos que embeben la modernidad política: el mito de la soberanía y el mito de la revolución, dos mitos complementarios que asumen, ambos, la existencia de un lugar en el que se condensa el poder (porque tampoco la revolución se puede pensar ni hacer sin la premisa de que existe un centro del poder). El realista no niega, en absoluto, ni el poder soberano –en su doble modalidad del estado normal y del estado de excepción–, ni el hecho de que se produzcan revoluciones; pero no cree en la racionalidad del poder absoluto (de ahí que no esté de acuerdo hasta el final con Hobbes) y sabe que las revoluciones no se pueden gobernar conforme al proyecto de quien las ha imaginado e iniciado (de ahí que no esté de acuerdo con el príncipe de los realistas revolucionarios, es decir, con Lenin). En razón de este escepticismo –que tiene sus cimientos en un diagnóstico histórico bien circunstanciado–, Schmitt y Foucault se han convertido en los autores en los que el programa clásico del realismo más se ha alimentado en tiempos recientes.

5. El realismo nace, como hemos dicho, con la reflexión sobre la historia: su primera motivación es aprender de la historia, conforme a su divisa *historia magistra vitae* (fórmula, por lo demás, controvertida). Pero asumiendo que se pueda aprender de la historia, debe confirmarse que la enseñanza que cabe extraer de ella es doble: sistémica y estratégica. Esta distinción permite entender la ambivalencia de fondo que acompaña, desde el primer momento, a este modo de mirar los asuntos políticos. En la dificultad de deslindar las perspectiva sistémica y estratégica —el diagnóstico y la praxeología—, reside, en efecto, la vulnerabilidad del enfoque y la matriz de las críticas.

Cuanto hasta ahora hemos dicho sobre la relación entre el diagnóstico y la praxeología, deja margen para interpretaciones equívocas. No ha de antojarse, por tanto, pedante distinguir entre realismo político y realpolitik. Se trata de términos íntimamente relacionados: términos que se refieren a un objeto común, pero lo consideran colocando los acentos de maneras diferentes. El realismo político es una línea de pensamiento que, basada en una visión del mundo histórico, apunta tanto a la formación del juicio político, como a la educación orientada al mismo; la realpolitik es una praxis enérgica y desembarazada que tiene a gala no andarse con miramientos para alcanzar sus objetivos. Dicho de otro modo: el realismo político consiste en meditar sobre la experiencia histórica, es una orientación reflexiva cuya maduración viene dada por la experiencia resultante del ejercicio (y a menudo también de la pérdida) del poder;

la realpolitik es una acción política cuya meta es la adquisición y el mantenimiento del poder. La segunda no puede darse sin el primero. Pero ambos componentes pueden también colisionar, si no se entienden debidamente.

La expresión *Realpolitik*, que aparece por vez primera en la obra de un escritor político alemán admirador de Bismarck —Ludwig August Rochau—, no es casual que entre en circulación en la segunda mitad del siglo XIX, la época en que el Estado moderno, potenciado por las energías desencadenadas por la Revolución industrial y por el activismo de las masas —revolución nacional—, se convierte en sujeto de políticas imperialistas. Desde ese momento, los términos «geopolítica», «gran estrategia», «política de poder» y «realpolitik» pasan a utilizarse esencialmente como sinónimos y terminan absorbiendo la totalidad del legado del realismo político clásico, legado que, en realidad, así se simplifica y se empobrece, pues se olvida sobre todo que, en su formulación tucididea originaria, esa línea de pensamiento incluye, normativamente, el sentido de la mesura: es una «dietética del poder». Con el desenlace totalitario de la evolución moderna del Estado, quedan cumplidos todos los requisitos para el descrédito de lo que hoy se considera una mera apología del poder.

Hay que poner asimismo de relieve que pueden darse diversas variantes tanto del realismo político (desde la perspectiva del espectador), como de la realpolitik (desde la perspectiva del actor). Como visión del mundo histórico, el realismo se puede distinguir por un audaz programa de control del curso de la historia, o bien puede adoptar una pose pesimista y resignada frente a cuanto no es dado gobernar; puede ser una búsqueda de regularidades de las que extraer normas de conducta estratégicas (la variante Maquiavelo), o bien un escepticismo casuístico a propósito de las reglas (la variante Guicciardini). Más marcadas todavía resultan las diferencias en el plano de la acción: en la Grecia de la segunda mitad del siglo v a. C., Pericles es el modelo —no en vano exaltado por Tucídides— del cultor de la realpolitik que sabe ponderar y moderar su actuación, mientas que Alcibíades aparece como el político que, aprovechando el favor popular, está siempre dispuesto a fiar en la contingencia. En la Alemania del Segundo Reich, tanto Bismarck como Guillermo II tenían el convencimiento de que estaban practicando una realpolitik; pero el primero era Pericles y, el segundo, Alcibíades. E igual que la Antigüedad conoció la realpolitik de los tiranos y la de las democracias, la época moderna también ha conocido la realpolitik de los soberanos y la de los revolucionarios.

6. Tradicionalmente, las objeciones que se ponen al realismo político son de dos clases: metodológicas e ideológicas. En la vertiente metodológica se le reprocha —desde las ciencias sociales y políticas— el holismo y la utilización de redes categoriales de mallas demasiado anchas, es decir, abiertas a demasiadas oscilaciones interpretativas. Especialmente problemático resulta el enfoque holístico, tendente a sustancializar sujetos —clases, naciones, Estados, imperios— que en realidad vienen dados siempre por una pluralidad de identidades inestables, en conflicto entre ellas. Recurrir a categorías generales como las que podemos destilar de las obras de Tucídides o Maquiavelo hace imposible, además —y esto es un segundo frente crítico—, cumplir satisfactoriamente un cometido que el realismo parecería reivindicar para sí: el de

la previsión[22]. Si las razones del realismo reposan —según sus adeptos— en la roca de la necesidad, para sus críticos se tambalean sobre la arcilla de la contingencia.

Se trata de objeciones de peso ante a las que es necesario recordar, una vez más, que el realismo está entre las teorías que insisten especialmente en el factor de la incertidumbre; de hecho cabría calificarlo de saber pragmático aplicable a condiciones inciertas. Un eminente filósofo político italiano —Salvatore Veca— dedicó sus reflexiones de los últimos años a este asunto, poniéndolo en relación con el de la incompletitud de nuestras representaciones de la realidad. «El paradigma de la incompletitud nos induce a reflexionar sobre los límites —y, consecuentemente, sobre la *apertura* y la *insaturación*— de cualquier intento de atribuir a una teoría el privilegio duradero de la última palabra»[23]. El realismo político pertenece, desde luego, a la clase de programas cognoscitivos que no ocultan su incompletitud... pero que a lo mejor por eso mismo al final resultan, en un mundo tan complejo e imprevisible, irrenunciables. En un clima cultural caracterizado, en cualquier caso, por el eclecticismo, ¿no es tal vez preferible un honesto programa de incompletitud, que no ambiciosas síntesis omnicomprensivas que hagan gala de frágiles certezas? Como también sugiere Isaiah Berlin, el realismo recorre un sendero de prudencia, moviéndose «entre intentos de decir lo mínimo posible (intentos de ir sobre se-

22. Véase A. Panebianco, «Realismo politico e scienze sociali», en A. Campi y S. De Luca (eds)., *Il realismo politico. Figure, concetti, prospettive di ricerca*, Rubbettino, Soveria Mannelli 2015, pp. 35 y ss.
23. S. Veca, *Il senso della possibilità. Sei lezioni*, Feltrinelli, Milán 2018, p. 19; véase también *id.*, *Dell'incertezza. Tre meditazioni filosofiche*, *ibid.* 1997, y *L'idea di incompletezza*, *ibid.* 2011.

guro, de reducir al mínimo los riesgos a propósito de la verdad), e intentos de decir lo máximo posible (para no decir menos de lo que podemos decir, esto es, para dejar fuera lo mínimo posible)»[24].

En la vertiente ideológica, la acusación que se presenta contra el realismo puede reducirse esencialmente a una doble imputación de conservadurismo social y apología del poder (ambos aspectos están siempre, de algún modo, relacionados). No es casual que, en Italia, la figura que cabe considerar el representante más radical y coherente del normativismo jurídico —Luigi Ferrajoli— sea también un encarnizado fustigador de lo que él denomina «realismo vulgar», a lo cual imputa una indebida naturalización de las estructuras de poder y de las formas de dominio[25]. La identificación de realismo político y conservadurismo reposa, sin lugar a dudas, en incontables confirmaciones históricas. Poniendo en la cúspide de su jerarquía de valores el orden, el realismo se orienta *naturaliter* («por naturaleza») a la conservación. Realistas y conservadores comparten dos rasgos clave: la concepción de la historia y la antropología pesimista. Sin ser partidarios obtusos del inmovilismo —aunque hay quien lo es—, rehúyen las sacudidas violentas de las revoluciones y tienden a la evolución, subrayando la importancia de la propiedad privada como presupuesto de la libertad individual.

También aquí debe ponerse de relieve, sin embargo, que el realismo, al ser una concepción general, conoce variantes

---

24. Véase I. Berlin, *Il senso della realtà*, *op. cit.*, p. 67.
25. Véase L. Ferrajoli, *'Principia iuris' 1. Teoría del derecho* y *'Principia iuris' 2. Teoría de la democracia*, trad. cast. de Perfecto Andrés Ibáñez, Juan Carlos Bayón, Marina Gascón, Luis Prieto Sanchís y Alfonso Ruiz Miguel, Trotta, Madrid 2016.

según el fin que se persiga y el medio que se esté pensando utilizar preferentemente. Podemos distinguir, así, entre un realismo orientado sobre todo a la conservación de lo existente —desde la asunción del carácter natural del orden vigente y del peligro implícito en cualquier innovación—, y un realismo orientado, por el contrario, al cambio e incluso, en casos extremos, a la revolución —como ejemplifican bien Marx, Lenin y Mao—, partiéndose entonces de la premisa de que el orden existente es un orden corrupto, o de que se basa en la violencia y en la prevaricación. En cuanto al medio a utilizar, aquí la oscilación se da entre un realismo, digamos, «heroico» —el realismo de la fuerza—, y un realismo que privilegia los medios de la simulación y el disimulo, es decir, el realismo del fraude (véase el capítulo quinto). Se trata, por decirlo en los términos de Maquiavelo —o de su heredero Pareto—, de un realismo de leones frente a un realismo de zorros.

Dependiendo de que el realismo político de quien se apreste a someter a observación científica los fenómenos «se apoye más en la contraposición de lo real frente a lo ideal, o en la de lo real frente a lo aparente», dicho paradigma de pensamiento tenderá más, como ya pusiera de relieve Bobbio en el preámbulo de sus *Saggi sulla scienza politica in Italia* [Ensayos sobre la ciencia política en Italia], a la conservación de lo existente o a su subversión. Desde esta segunda perspectiva, el realismo «se presenta en su versión revolucionaria: dado que la ideología es la falsa ciencia de quienes ostentan el poder y se sirven de él para engañar al pueblo, la tarea de la ciencia política pasa a ser desmistificar la ideología dominante que impide la transformación de la sociedad, que impide el salto cualitativo y el tránsito desde el reino de la necesidad al de la libertad»[26].

Hay por tanto que decir, una vez más, que, sin que ello afecte a ese cuadro general que incluye una visión «trágica» de la historia, una antropología «pesimista» y una concepción «hiperconflictualista» de lo político, el realismo siempre es una concepción que ha de valorarse en su contextualidad, esto es, en la medida en que proporcione respuestas a preguntas que surjan en una situación históricamente determinada. Así resulta evidente que la primacía de la política sobre la moral asume valencias distintas dentro de un contexto histórico en el cual rija una razón de Estado (casi) incondicionada —que legitime, por ejemplo, las ejecuciones de César Borgia o los «golpes de Estado» en el sentido en que acuñó este término Gabriel Naudé—, y en un contexto, en cambio, donde se haya consolidado el anclaje de la política a los derechos del hombre. En este último caso, la contraposición entre realismo y normativismo se inserta en un cuadro institucional que establece unas restricciones mucho mayores a la potestad decisoria de la política (restricciones que sería bastante poco realista querer ignorar). Pero no por eso desaparece la distinción, como resulta evidente por ejemplo cuando se decide qué políticas se aplican para poner en marcha un proceso de (re)democratización subsiguiente a una dictadura o a una guerra civil, situación en que el realista verá con buenos ojos las amnistías y una rápida liquidación de cuentas con el pasado. El normativista, por el contrario, se mostrará intransigente a la hora de exigir procesos y medidas de reparación tendentes a restituir

---

26. Véase N. Bobbio, *Saggi sulla scienza politica in Italia, op. cit,* p. 9.

su dignidad a las víctimas (a costa, sin embargo, de generar resistencias desestabilizadoras en el lado de quienes detentaban el poder derrocado y con él colaboraban).

7. Sería, por tanto, engañoso atribuir al realismo político una univocidad de propósitos y una capacidad predictiva que no puede poseer. Añádase que, en la Edad Contemporánea, el contexto ha cambiado. En un escrito de 1965 titulado «Realismo y nueva realidad», Elias Canetti se preguntaba, en efecto, por el «sentido de la realidad» —exactamente igual que Isaiah Berlin en su conferencia un par de años anterior— y nos aportaba una reflexión cargada de implicaciones filosóficas, planteando que nuestra época coloca a la humanidad ante una intensificación del sentido de lo real. En comparación con el pasado, hoy existe —afirmaba Canetti— «una realidad *que se incrementa*, y existe una *realidad más precisa*; y como tercer elemento existe una realidad del *futuro*». Se trata de diferencias significativas y tiene sentido preguntarse qué implicaciones tengan en lo que se refiere al realismo político.

Lo primero a tener en cuenta es que la realidad se incrementa, se estratifica y se complica: «Hay mucho más. No es solo que haya un número de hombres y de cosas mucho mayor, sino que también desde el punto de vista cualitativo hay infinitamente más. Lo viejo, lo nuevo y lo distinto confluyen desde todas partes». El segundo elemento diferenciador tiene que ver con el «aumento de la especialización»: «El control que se ejerce sobre todo y sobre todos se basa en la exactitud». El tercer aspecto atañe a la «realidad del futuro», al ensanchamiento extremo de los escenarios posibles, los cuales incluyen por una parte la realización de cualquier utopía, y por otra la más absoluta de las distopías: la destrucción del género humano. «El futuro es distinto de como siempre fue: se acerca más rápido y se provoca de manera consciente. Sus peligros no son sino obra nuestra, pero igual cabe decir de sus esperanzas. La realidad del futuro se ha escindido: de un lado la aniquilación y, de otro lado, la vida cómoda»[27].

Es sobre la base de consideraciones de este tipo como, a partir de Hiroshima y Nagasaki, se proclamó la obsolescencia y, en las formulaciones más extremas, la inviabilidad del realismo político. Se trata, qué duda cabe, de transformaciones que han de calibrarse en todas sus implicaciones (en general negativas). Es evidente, con todo, que el incremento de la realidad —que en términos sociológicos significa un aumento de la complejidad— hace más difícil el diagnóstico, la puesta a punto de planes estratégicos y la formación del juicio político. Un mundo bipolar se puede monitorizar y gobernar más fácilmente que un mundo multipolar, y otro tanto rige para un mundo multipolar limitado a unos pocos grandes actores (relevantes) en comparación con un mundo en el que proliferan los sujetos y se multiplican los escenarios de los juegos estratégicos de estos. (El nuestro ya no es un multipolarismo de meros Estados, sino que mercados y sujetos transnacionales desempeñan un papel cada vez mayor). Cabría plantear la hipótesis de que el avance inexorable del proceso de racionalización del mundo termine neutralizando los riesgos de la contingencia, porque

27. E. Canetti, «Realismo e nuova realtà», en *id.*, *La coscienza delle parole*, Adelphi, Milán 1984, pp. 104 y ss. [hay trad. cast. de Juan José del Solar, *La conciencia de las palabras*, Fondo de Cultura Económica, Ciudad de México 1982; ed. original: *Das Gewissen der Worte. Essays*, Hanser, Múnich 1975].

con el proceso de intelectualización de las sociedades aumentan también los saberes a los que puede recurrir un actor que disponga de experiencia y de prudencia. Pero la especialización y la creciente «exactitud» generan, en realidad, tanto conocimientos nuevos, como certezas ilusorias. El escepticismo de Morgenthau respecto a la actuación del «hombre científico» en el ámbito político sigue reposando, así, en sólidas razones.

Pero es sobre todo la escisión del futuro lo que se presenta como el elemento capaz de dejar fuera de juego al realismo político. Por una parte el fin de la utopía genera, con los logros cada vez más audaces de la tecnología, la ilusión de que se ha entrado en una fase de la historia humana que ya no responde a las «anticuadas» lógicas de lo político. Por otra parte resulta más obvio todavía que la perspectiva apocalíptica de una competición por el poder destinada a desembocar en una guerra nuclear termina privando de sentido a cualquier forma de actuación que incluya el empleo de medidas coercitivas entre los medios de una acción estratégica. Desde Tucídides hasta Weber, el realismo político jamás se había visto en la tesitura de deber diagnosticar los problemas de un mundo en el que actores organizados pudieran disponer materialmente de medios de aniquilación planetaria; la posibilidad de una autodestrucción intencionada de la humanidad no podía antojarse entonces sino una hipótesis extremadamente poco realista. Desde esa perspectiva, las cosas han cambiado. No hasta el punto, sin embargo —por desgracia—, de poner a disposición de la humanidad una alternativa a la racionalización de la acción estratégica —basada esta en la insustituible combinación de políticas coercitivas y negociaciones diplomáticas— que no consista en rendirse ante la agresión de quien se encuentre en posesión del arma nuclear.

8. En tal contexto de tragedia inminente, el realismo político sigue siendo el gran antagonista de ese proyecto de una «ciudad del hombre» que, desde Platón, viene siendo propugnado por la filosofía. La cual ha ido incorporando el realismo... para volver a rechazarlo siempre. Pero esa revolución copernicana tan esperada del mundo político no se ha verificado. Y, así, al final tenemos que volver al punto de partida y recordar que, en los orígenes de nuestra tradición, los griegos pudieron imaginar una jerarquía entre las tres grandes ramas de la ciencia del poder, respecto a las cuales la historia posterior no ofreería sino innumerables variaciones sobre el tema: el *Oikonomikós*, el *Strategikós* y el *Politikós*. El libro primero de la *Política* de Aristóteles está dedicado, en efecto, a la *oikonomía*, en la cual se basa la forma más feroz y humillante de poder del hombre sobre el hombre: el dominio despótico que se ejerce sobre los esclavos. Y a la literatura sobre la figura del político, cuyo ejemplo eminente es el diálogo platónico *Politikós*, se añade la literatura sobre el estratego. Aquí podemos citar, entre los primeros tratados militares —que darán comienzo a una tradición de estudios especializados cuya culminación será, ya en época moderna, el *De la guerra* de Carl von Clausewitz—, el *Strategikós* del filósofo platónico Onasandro, quien vivió en el siglo I d. C. (de ahí que también fuera un buen conocedor del arte militar romana).

A pesar de que la *oikonomía*, en cuanto técnica originariamente desarrollada para el gobierno del espacio circunscrito de la casa, tuviera que estar subordinada al poder político soberano, la historia de Occidente mostraría —y después la historia de la globalización— que a partir de dicho espacio circunscrito habían de generarse poderes cada vez más extensivos y cada vez más invasivos, hasta acabar haciendo de la economía la primera de las fuerzas sociales. De modo análogo, aunque la *strategía* tuviera que subordinarse, en cuanto técnica especializada, al poder político «universalista» —otro tema que, desde Platón, llega hasta Clausewitz—, el control del instrumental de la violencia física garantizaría, en todas las fases de la historia, un valor añadido al poder militar, confiriéndole una gran capacidad para condicionar las decisiones políticas —sobre todo en el caso de que estas persiguieran objetivos imperialistas— y también el poder de chantajear e intimidar a los titulares de magistraturas civiles.

La filosofía política lleva más de dos milenios trabajando por el triunfo del ámbito político sobre los ámbitos económico y estratégico, lo que en un plano concreto debía traducirse, precisamente, en la subordinación de los poderes económico y militar al poder político, en cuanto poder de todos. La tradición del realismo se ha contrapuesto siempre con tenacidad a la filosofía para recordar que han sido, antes bien, los poderes económico y militar los que han resultado decisivos —no las construcciones universalistas del poder de todos—, y que en la historia se ha impuesto siempre y solamente el poder político que ha sido capaz de someter, incorporando en sí sus lógicas, al poder político y al poder militar, por los que sin embargo ha terminado siendo colonizado en muchos casos.

Con el arranque del siglo XXI, debemos constatar que la partida no se ha resuelto conforme a las expectativas de la tradición filosófica y que la historia ha dado la razón, una vez más, a los tristes investigadores de la «verdad efectiva». Diríase, de hecho, que la historia no tiene la más mínima intención de andarse con remilgos... Los acontecimientos devuelven al realismo, en efecto, su máscara trágica. Porque si hasta hace dos días podíamos al menos hacernos ilusiones sobre que el dragón con el que había que acabar era ya solamente el poder económico de los mercados, de las empresas multinacionales y de los oligopolios, hoy sabemos que también el poder militar sigue acechando, listo para volver a apoderarse por completo de la escena reproduciendo arcaicas dinámicas de imperialismo salvaje. El poder político, renegando de la tranquilizadora ideología del *soft power* («poder blando») cultivada por las democracias occidentales, muestra, una vez más en la historia, que únicamente sabe ejercer el mando en la medida en que se ponga al servicio de las lógicas del poder económico y del poder militar.

¿Y entonces? No obstante las potencialidades civilizadoras de la globalización, el sistema internacional vuelve a evidenciar que está marcado por una heterogeneidad radical e intrínsecamente polemógena, como siempre ha sido el caso en la historia. Dicha heterogeneidad queda de manifiesto por el hecho de que los actores principales divergen en su valoración de los ejes en torno a los cuales debe construirse el orden internacional: la seguridad, el prestigio y la (distribución de la) riqueza (de nuevo y siempre la tríada tucididea...). Mantener los peligros a raya requiere, también en esta nueva época, diagnósticos articulados y estrategias de amplio alcance, no concesiones a espejismos palingenésicos. Siendo conscientes de que, puesto ante el umbral extremo de la irracionalidad humana, incluso el realismo está destinado a quedarse sin argumentos.

Preámbulo

De los términos recurrentes del léxico político, el de «realismo» ciertamente está entre los más usados... y entre aquellos de los cuales más se abusa. Supone, como cualquier otro «ismo», un constructo polémico: querría ser antídoto contra cualquier utopía, contra cualquier ideología, contra cualquier práctica jacobina de absolutización de los valores, así como contra el despotismo suave del *wishful thinking* («pensamiento ilusorio»). Sus dardos apuntan, en efecto, sobre todo a los ilusos, a los ingenuos, a los soñadores, a las «almas cándidas» de la política; pero pueden dirigirse también contra los activos y miopes maquinadores del «intercambio político». El realismo es un arma irrenunciable frente a quienes practican deliberadamente la falsificación y frente a quienes ceden, por comodidad y por vivir tranquilos, a las lisonjas del autoengaño, lo que termina conduciéndolos indefectiblemente a engañar también. Pero supone asimismo un dúctil instrumento en manos de los cínicos que, defendiendo lo suyo «particular», recurren de forma taimada a la apología de lo existente y, en nombre del realismo, hacen propaganda de las más diversas combinaciones de prejuicio e interés.

En atención a tal ambigüedad, la reflexión sobre el realismo político debe contar siempre con ser objeto de una hostilidad prejuiciosa y con suscitar, al mismo tiempo, una atracción discreta, pero irresistible. Por un lado sigue teniendo crédito, en efecto, un modo de pensar que rechaza el realismo por considerarlo un cinismo amoral, una defensa de intereses consolidados, una exaltación irreflexiva del derecho del más fuerte, una ideología de la voluntad de poder; y es verdad que el realismo a menudo ha funcionado –y sigue haciéndolo– como un salvoconducto para dictadores o, en las democracias, como un argumento al servicio de las prácticas menos transparentes del poder. En nombre del realismo se llega a legitimar cualquier cosa: la fuerza y el fraude, la violencia y la corrupción. Por otra parte, sin embargo, el propósito desmistificador del realismo político alimenta desde siempre una gran fascinación por el lado oscuro del poder, por las técnicas de disimulación, por los *arcana imperii*. Además, en virtud de la crisis de las utopías y del descrédito de las ideologías, el final del pasado siglo generó un clima favorable al enfoque realista de los problemas políticos. En el discurso público fue ganando espacio una atmósfera de sobriedad –y de aversión hacia las abstracciones– que enfriaba los entusiasmos de los paladines del ideal y debilitaba las certezas de los profetas de una ética nueva.

Los grandes cambios de finales del siglo XX, en la medida en que declaraban el fracaso de las ideologías y las utopías, volvieron a proponer con fuerza la cuestión del realismo político. El derrumbe súbito de los regímenes socialistas; la crisis lenta, pero estructural, del Estado social de derecho, es decir, del modelo occidental de «bienestar»; las consecuencias de la globalización, con el rápido desvanecimiento del sueño de un nuevo orden mundial tras la Guerra Fría y con el estancamiento de los proyectos de reforma de las organizaciones internacionales; el resurgimiento de particularismos que amenazan con comprometer, desde el primer momento, cualquier programa de reorganización federalista de los Estados; el regreso de la guerra (aun bajo las formas del llamado *peace enforcing* [«imposición de la paz»] o de la intervención con fines humanitarios, que tampoco dejan de tener las repercusiones habituales en términos de víctimas y destrucción); la pérdida de tono del proceso de construcción europea, convertido en materia de una tecnoingeniería económica ajena a la democracia y al sentir de las ciudadanías..., todo eso incidió en el ánimo general como una escuela de desencanto y orientó las culturas políticas hacia un pragmatismo escéptico.

También en el mundo de los estudios se advierte el regreso de un interés —no solo historiográfico— por doctrinas clásicas como la de la razón de Estado; por unas doctrinas, con otras palabras, que sabían ver las duras lógicas del poder y los códigos de la acción estratégica. Las ciencias de la sociedad y de la política, desarrolladas desde la presunción de que es posible constituir un instrumento esencial para el gobierno de las democracias y para la tutela de la paz —he aquí una de las múltiples «ilusiones del progreso» modernas—, a lo largo del siglo XX no pararon, en efecto, de errar el blanco: no previeron ni los totalitarismos, ni la disolución del sistema soviético, ni el resurgimiento de los nacionalismos.

Ahora se están mostrando impotentes también en el ámbito de la prevención de los conflictos internacionales, donde no parece que haya alternativas a la antigua lógica de la disuasión y la coerción. De ahí el escepticismo no solo para con los alquimistas de ciencias palingenésicas, sino también para con los cultores honestos de un saber del mundo histórico-político que quiere ser científico.

Ahora bien: en la incertidumbre de nuestra época, incertidumbre que también consiste en una pérdida de la centralidad de la política —es decir: de su capacidad de guía y de gobierno—, eso no significa el regreso del arte y la prudencia políticas. En el actual renacimiento del realismo político hay una paradoja que impide mirar a este con el ánimo confiado de quien ve que la época de las ideologías ha quedado definitivamente atrás. Pues, cuanto más éxito tiene el realismo político en el plano crítico o teórico —en la demolición del universalismo—, tanto más se debilita en la vertiente práctica. Hay demasiados aspirantes a la corona, demasiados dispensadores de concepciones estratégicas, demasiados manipuladores de realidades virtuales. El perfil del político realista aparece necesariamente desenfocado en un mundo que ha perdido la fe incluso en la efectividad del Poder. Y trazar su *agenda* probablemente no resulte hoy menos difícil de como lo fuera en la época del Barroco...

Con el ocaso de las ideologías y las utopías, ahora todos se dicen realistas (del mismo modo que, gracias al triunfo del mercado, todos se proclaman liberales y liberalistas). En realidad abundan tanto los realistas de pacotilla, como los realistas de «corriente alterna», por así decir; esto es: los que con gran desenvoltura conjugan realismo y moralismo. Hoy es casi obligatorio sostener que, en la época de la energía nuclear, de la ingeniería genética y de la catástrofe ecológica inminente, el mayor realismo coincide con la normatividad más exigente. Los pacifistas, que no tienen dificultades para evocar escenarios apocalípticos, pretenden ser los auténticos realistas. Otro tanto los solidaristas —quienes proclaman el fin de la sociedad del trabajo y del pleno empleo— y los hipergarantistas, que diagnostican la ineficacia de las sanciones y los castigos. Pero aunque no se traduzca en una nueva sensatez gubernamental, el hartazgo frente a las retóricas del solidarismo, del republicanismo, del patriotismo constitucional deja sitio, por lo menos, a la curiosidad por las técnicas efectivas del poder, por la realidad del poder que hay oculta tras la apariencia del consenso.

La dialéctica de lo público y lo secreto se sitúa en el meollo del poder. No hay poder sin publicidad y no hay poder sin secreto. Desde el momento en que existe un discurso sobre el poder, la política está siendo reconocida en su duplicidad: por un lado teatro de acción, dramaturgia, ritual, representación pública... y frente a eso *arcana imperii*, es decir, maniobras entre bambalinas, negociaciones impresentables. La apuesta moderna de las democracias liberales apuntaba a la superación de esa esquizofrenia del poder, conciliando los extremos y remitiendo las decisiones a la esfera pública parlamentaria, a un centro que no está abierto a todos, pero sí a la competición de todos; que no es perfectamente transparente, pero sí visible y controlable. A lo largo de ese proceso, sin embargo —en el cual han ido naciendo nuestras instituciones—, lo secreto no ha desaparecido de la vida del Estado, sino que se ha secularizado y constitucionalizado. Porque originariamente confería un carácter sagrado al poder: era un recurso simbólico de su legitimación. Hoy, en cambio, se reconduce a la dimensión instrumental, a cuanto es necesario para la salvaguardia de los intereses colectivos; se hace objeto de reglas y se limita mediante protocolos. Se traslada y se desplaza, desde los lugares del poder, a la privacidad del ciudadano, donde el secreto de la correspondencia o el del voto se reconocen y se tutelan como bienes preciosos. Los viejos *arcana* y quienes los detentan —los profesionales de los servicios secretos— se confinan, por el contrario, en un gueto del que la «buena» política debe mantenerse alejada, aun a costa de perder el control sobre tal ámbito y favorecer desviaciones en el seno del mismo.

Hoy, en una sociedad pluralista y policéntrica, los secretos, lejos de desaparecer, proliferan y se expanden, penetrando por ejemplo en las administraciones de las empresas mercantiles. Donde las restricciones constitucionales impiden al Estado custodiar demasiados secretos, se perfila una solución consistente en externalizar los *arcana*, es decir, en asignar su responsabilidad a otros, en confiar su tutela a centros de poder y grupos corporativos que no estén sometidos a todas esas restricciones y a todos esos controles. Algunas experiencias recientes han mostrado que hay más secretos —o secretos más interesantes o mejor disimulados— en las ciudadelas económico-financieras que no en los santuarios tradicionales de la política. Lo secreto deja de venir dado, en consecuencia, por la «razón de Estado» y pasa a tener su origen en la «razón de partido», «en la razón de empresa mercantil» o «en la razón bancaria». Y así sucede que, a ojos de tantos liquidadores de lo «moderno», el mito ilustrado de una opinión pública que disuelve las brumas que rodean el Palacio deja de funcionar.

Frente a las geometrías clásicas de la modernidad, la topo-
grafía del poder aparece cambiada: aplastada entre los polos
de la videopolítica y la criptopolítica. En un extremo tenemos, en efecto, el espacio en el cual se ve, se siente, se pade-
ce... pero no se hace la política; en el extremo opuesto está
el lugar en el que se concentra y se esconde la política que
cuenta, la que decide, la que mueve dinero, recursos y opi-
niones. En el juego entre videopolítica y criptopolítica, lo
secreto sigue estando ahí, naturalmente; pero se ha vuelto
más artificial, más vulnerable y más peligroso en su vulnerabilidad. Con la irrupción de la videopolítica en la esfera de
lo secreto, lo secreto resulta ora banalizado, ora agigantado.
Porque la fuerza de lo secreto de un Estado absolutista resi-
día en que el poder soberano lo monopolizaba: únicamente
la alta traición de algún dignatario podía hacerlo peligrar.
En una sociedad carente de centro, en cambio, la disemi-
nación de lo secreto compromete su funcionalidad de cara
al control social. Lo secreto pasa a ser un arma generalizada de chantaje a merced de todos los poderes, así como un
recurso estratégico para la competición. La esfera pública
queda reducida a un sitio en el que hombres grandes y pequeños comercian con sus secretos...

En la política interior, antes se mantenía una reserva realista frente a ideologías que apuntaran a la expansión del
proceso de democratización a todos los sectores de la sociedad —desde la fábrica, hasta el ejército o la cárcel—, impo-
niendo al ciudadano las obligaciones de una participación
total; y se sigue manteniendo tal cautela donde quiera que
surjan dudas sobre la conveniencia de una transformación, en
sentido jurisdiccional, de la política —sobre la conveniencia,
con otras palabras, de una «judicialización» de la política—,

o bien sobre lo positivo de una evolución de la política en sentido tecnocrático, esto es, que favorezca a organismos supuestamente independientes —neutrales, técnicos, ajenos al control democrático— en perjuicio de organismos legitimados por la competición política. En nombre del realismo, en Italia se ha practicado y teorizado durante años un «modelo repartitorio» de ocupación de las instituciones y de corrupción como método del consenso; pero también se ha mirado con preocupación la época de saneamiento judicial de la política, se ha denunciado el poder tremendo de los jueces, se ha propuesto una amnistía y se ha propugnado una legislación con beneficios penales para los criminales arrepentidos (*collaboratori di giustizia*).

Tendencias análogas se observan en la política internacional, donde sigue prevaleciendo el conflicto entre las razones de la fuerza y las razones del derecho. En nombre del realismo se plantea, por ejemplo, que no es razonable desestabilizar regímenes despóticos ni hacer peligrar procesos de paz en virtud de una política de derechos humanos intransigente; o bien que la lucha por los derechos puede revestir una función estratégica e instrumental, toda vez que sirve para debilitar a nuestros competidores en el mercado mundial, sometiéndolos a restricciones que inevitablemente disminuirían sus ventajas competitivas en términos de coste de la mano de obra. Y es de nuevo en nombre del realismo como se manifiesta perplejidad ora ante las medidas intervencionistas aplicadas en las crisis internacionales, ora ante la estrategia contradictoria de las «guerras humanitarias»; o bien ante la tendencia a resolver controversias internacionales recurriendo a la jurisdicción, concretamente persiguiendo crímenes de guerra y de lesa humanidad en unas condiciones de semiparálisis operativa de las organizaciones internacionales y de discrecionalidad política problemática.

En la cultura italiana –tan condicionada, para lo bueno y para lo malo, por la presencia de la Iglesia católica–, hay una corriente dominante de realismo político que, desde Maquiavelo y Guicciardini, llega hasta Croce, hasta los llamados «elitistas» –Mosca, Pareto y Michels, a quienes James Burnham calificó de «neomaquiavélicos»– y hasta Gramsci, teorizador del «nuevo príncipe», que es un sujeto colectivo revolucionario y, al mismo tiempo, una fuerza de integración social. Aun centrándonos ya en años más recientes, la tradición italiana de estudios políticos ha seguido realizando un recorrido que tiene en el realismo un reclamo constante y, en la crítica de las patologías de la democracia real, su baza mejor. Desde la precoz denuncia de la partitocracia que efectuara Maranini, hasta la teoría de Miglio sobre las degeneraciones parlamentarias y las rentas políticas; desde el análisis del poder invisible y del criptogobierno que hizo Bobbio, hasta el programa de Zolo para una teoría realista de la democracia; desde la denuncia de Sartori sobre el déficit de realismo en las democracias, hasta la crítica de la Ilustración aplicada a la política en Panebianco..., buena parte de nuestra literatura politológica parece compartir aún esa orientación de fondo.

Por lo demás, el sistema político italiano sigue siendo –con las patologías de su praxis parlamentaria y con las veleidades de sus reformismos, con la persistencia de su vocación transformista y con la vitalidad de los instintos de poder de su clase política, con lo viscoso de su cultura clientelar y con el descaro de sus «fórmulas políticas»– un buen campo de investigación para el realismo. Resulta, por consiguiente, paradójico —aunque quizás no tanto— que hasta la fecha se haya renunciado a trazar un perfil global del realismo político, prefiriéndose en cambio disertar, con vocación consolatoria, sobre el espíritu republicano y la ética pública.

El problema. Teoría e historia

Aproximaciones

1. El «principio de realidad»

El de «realismo político» es —como cualquier otro «ismo»— un término ambiguo. A semejanza de ideologías como el liberalismo, el nacionalismo o el socialismo, el realismo —que no es asignable a ideología ninguna y aspira, de hecho, a contraponerse a las ideologías— es un constructo, en efecto, de múltiples significados, dada la pluralidad de las maneras en que pueden entenderse el concepto de realidad o la referencia al principio de realidad: ora se alude a la realidad empírica de la naturaleza humana —en oposición a las transfiguraciones éticas de la misma—, ora al carácter ineludible de los procesos históricos —en oposición a los proyectos de los actores sociales—, ora al uso que se hace de la experiencia en la definición de las estrategias de conducta.

Sobre la base de esta multiplicidad de significados, el realismo del ámbito político comparte la fortuna de sus homólogos de los ámbitos de la filosofía, la literatura y las artes figurativas, donde el término ha acabado generando un auténtico caleidoscopio de acepciones. Acuñada con referencia a la disputa escolástica sobre los universales para designar la postura que afirmaba la realidad de los mismos —fue Duns Scoto quien sostuvo al concepto de *realitas* en la pila bautismal—, esta noción se quedó para siempre en el léxico filosófico moderno, donde ciertamente no son solo materialistas, positivistas y —ya más en general— defensores de la existencia del mundo externo quienes se remiten al realismo, sino también autores como Fichte, Schelling o Hegel (pensadores, por tanto, el conjunto de cuyas doctrinas se han calificado de idealistas).

De la misma forma que, en el discurso filosófico, «realidad» denota «el modo de ser de las cosas en el sentido de que existen fuera de la mente humana o con independencia de la misma» —en contraposición, por tanto, al carácter o condición de «ideal», esto es, al «modo de ser de aquello que está en la mente y que no está incorporado o realizado en las cosas, o bien no puede estarlo o no lo está todavía»[1]—, dicho concepto de «realidad» remite, en el vocabulario político, al modo de ser de las relaciones de poder consideradas con independencia tanto de los deseos y preferencias que puedan albergar los actores, como de las teorías —más o menos explícitamente normativas— que puedan propugnar los espectadores. Pero, de igual modo que en filosofía se dan varias modalidades de realismo —empezando por la

---

1. Véase N. Abbagnano, *Dizionario di filosofia*, Utet, Turín 1968, p. 716 [hay trad. cast. de Alfredo N. Galletti, *Diccionario de Filosofía*, Fondo de Cultura Económica, Ciudad de México 1963].

más ingenua del sentido común–, también en el terreno político cabe distinguir diferentes variantes de realismo con base en el modo de concebir la relación entre la realidad y la apariencia.

Para el realismo político –igual que para el gnoseológico–, el llamamiento a la realidad tiene, se mire por donde se mire, un significado positivo. Lo que es el caso –se asume– vale, no obstante sus limitaciones, más de cualquier cosa que se desee, que se imagine, que se aprecie en un plano ideal. Pero lo real también es finitud, dolor, sufrimiento. «El salto desde el principio de placer al principio de realidad representa», para Sigmund Freud, «uno de los progresos más importantes en el desarrollo del yo»[2]. En el vocabulario del psicoanálisis, el «principio de realidad» se opone, en efecto, a la «omnipotencia de los deseos». Situada en un espacio intermedio entre Eros y Tánato[3], la realidad es aquello que opone resistencia a deseos y pulsiones subjetivos. También Martin Heidegger ve en este elemento el rasgo específico del concepto: «La realidad es *resistencia* o, mejor dicho, resistencialidad»[4].

2. Véase S. Freud, *Introduzione alla psicoanalisi*, en *id.*, *Opere*, vol. VIII, Boringhieri, Turín 1989, p. 513 [hay trad. cast. de Luis López-Ballesteros y de Torres, *Introducción al psicoanálisis*, Alianza Editorial, Madrid 2011; ed. original: *Vorlesungen zur Einführung in die Psychoanalyse*, Hugo Heller, Leipzig/Viena 1916-1917, 3 vols.].
3. *Alias* Amor y Muerte. (*N. del T*).
4. M. Heidegger, *Essere e tempo*, Longanesi, Milán 1976, p. 259 [hay trad. cast. *e.g.* de Jorge Eduardo Rivera C., *Ser y tiempo*, Trotta, Madrid 2009; ed. original: *Sein und Zeit*, Max Niemeyer Verlag, Tubinga 1927]; véase sin embargo W. Dilthey, «Contributi alla soluzione del problema circa l'origine e il diritto della nostra credenza alla realtà del mondo esterno», en *id.*, *Per la fondazione delle scienze dello spirito. Scritti editi e inediti 1860-1896*, Angeli, Milán 1985, pp. 228-276 [en trad. cast. véase quizás *id.*, *Introducción a las ciencias del espíritu. Ensayo de una fundamentación del estudio de la sociedad y de la historia*, trad. de Julián Marías, reed. en Alianza Editorial, Madrid 1986; ed. original:

Hans Blumenberg habla, en su genealogía del mito, de un narcisismo ontogenético cuyo núcleo él localiza en la «sobrevaloración, por parte de las personas, de sus propios actos psíquicos»[5]. Tal narcisismo interviene también en la génesis de utopías e ideologías; estas proyectan en el futuro la satisfacción del principio de placer, son construcciones del deseo que, puestas en marcha por un impulso de iconoclasia para con la realidad, anticipan de manera subrogada esa felicidad colectiva mediante los ritos de la participación.

De ahí que el principio de realidad se contraponga también al «principio de esperanza», afirmando el derecho superior del «Así ha sido siempre hasta ahora» frente a la débil legitimación del «Todavía no ha ocurrido». Contra la utopía del «reino de la libertad», en la que el hombre es liberado de la esclavitud de la carencia y del trabajo —y en la que el «desarrollo de las capacidades humanas se convierte en un fin en sí mismo»—, el realismo plantea la imposibilidad de trascender el «reino de la necesidad»[6]. La carencia, la escasez, el trabajo, el conflicto..., son las premisas que definen el cuadro de la condición humana; y eso no hay progreso que pueda cambiarlo. El realismo, poco dado a perspectivas de emancipación, se condice, antes bien, con

«Beiträge zur Lösung der Frage vom Ursprung unseres Glaubens an die Realität der Außenwelt und seinem Recht», en *Sitzungsberichte der königlich-preußischen Akademie der Wissenschaften zu Berlin* (1890)].

5. Véase H. Blumenberg, *Elaborazione del mito*, Il Mulino, Bolonia 1991, p. 31 [hay trad. cast. de Pedro Madrigal, *Trabajo sobre el mito*, Paidós Ibérica, Barcelona 2003; ed. original: *Arbeit am Mythos*, Suhrkamp, Frankfurt del Meno 1979].

6. Véase K. Marx, *Il Capitale. Critica dell'economia politica*, III, 48, Einaudi, Turín 1975, pp. 1 102 - 1 103 [hay trad. cast. *e.g.* de Vicente Romano García, *El capital*, Akal, Tres Cantos (Madrid) 2022; ed. original: *Das Kapital. Kritik der politischen Oekonomie*, Verlag von Otto Meissner, Hamburgo 1867].

el «principio de responsabilidad». No es casual, por lo demás, que la obra filosófica que Hans Jonas dedicó a dicho principio reserve tanto espacio a la crítica de la utopía[7]. Ofreciendo una representación de la realidad –también de sus aspectos menos tranquilizadores–, el realismo quiere, indirectamente, educar para una «heurística del miedo»: lo real se ve como algo amenazador para la supervivencia y, los esfuerzos de la actividad humana, como algo encaminado a contrarrestar las amenazas.

En una primera aproximación, se pueden contraponer una noción de realismo político laxa y otra más restringida. Conforme a la primera, el realismo «es tan solo un ingrediente de cualquier posición política, en la medida en que constituye su presupuesto informativo»[8]. También la ideología reposa, de hecho, en un núcleo realista, toda vez que presupone una descripción del mundo por lo menos parcialmente atendible (de lo contrario, dicha descripción no podría ser objeto de amplias adhesiones reiteradas a lo largo del tiempo). Si nos atenemos, sin embargo, a su acepción más restringida, el realismo político es una «posición política» autónoma; una posición política autónoma que es susceptible de definirse como una ideología de la antiideología, y que es afín al resto de ideologías por su orientación práctica y por sus presupuestos de naturaleza extracientífica, pero se contrapone a ellas por su rechazo de la «misión» histórica de las mismas. Mientras que las ideologías son siempre

7. Véase H. Jonas, *El principio de responsabilidad. Ensayo de una ética para la civilización tecnológica*, trad. cast. de Javier María Fernández Retenga, Herder, Barcelona 2008, y E. Bloch, *El principio esperanza*, trad. cast. de Felipe González Vicén, Trotta, Madrid 2004-2007, 3 vols.
8. Véase G. Sartori, *Democrazia e definizioni*, Il Mulino, Bolonia 1957, p. 33.

hijas de determinado sujeto colectivo –de una clase, de una élite del poder–, así como de una época histórica concreta cuya lógica pretenden reconstruir hasta el punto de ruptura y superación, el realismo político aspira, en efecto, a ser una concepción metaepocal de la política, desvinculada de representantes históricos concretos (más allá del hecho de que pueda ser considerado el denominador común de la ideología de todas las clases dominantes, sin importar cuál).

Con base en la primera de las dos interpretaciones mencionadas del término, el realismo puede verse como un pariente bastante cercano del positivismo, movimiento que no en vano se presentó, históricamente, como el paladín de un nuevo acceso a la realidad (de esta posición fue un claro representante Vilfredo Pareto, realista que por una parte adopta la perspectiva de una correspondencia entre sus afirmaciones y la «realidad experimental», y por otra parte considera las acciones con base en su «utilidad social»). Pues bien: desde un punto de vista (neo)positivista, la condición mínima de la orientación realista es el autocontrol respecto a la interferencia de juicios de valor en el estudio de los hechos: «En las ciencias sociales hace falta, sobre todo, mantenerse en guardia frente a la intromisión de los sentimientos del autor, el cual propende sin duda a investigar no lo que existe, sino lo que *tendría* que existir para adecuarse a sus sentimientos religiosos, morales, patrióticos, humanitarios o del tipo que sea»[9].

Ya se opte, sin embargo, por una concepción del realismo restringida o más laxa, en cualquier caso no ha de verse

---

9. V. Pareto, *Trattato di sociologia generale*, Edizioni di Comunità, Milán 1964, p. 833.

en este paradigma una familia de teorías, sino más bien una orientación de fondo que tiende a privilegiar la descripción en menoscabo del establecimiento de ideales y finalidades éticas. Pero en la base de esta actitud que se pretende objetiva y científica —en esta ideología de la antiideología—, se ocultan motivaciones psicológicas y asunciones valorativas. Al presentar, en efecto, como la realidad verdadera la que él desenmascara —frente a los embellecimientos de los «bobos»—, el realista se complace o se resigna o siente indignación. Porque hay un realismo satisfecho, que hace gala de su familiaridad con los asuntos del mundo, así como de su capacidad de dominar el peligroso juego de la contingencia; hay también un realismo melancólico —resignado a la corrupción y a la caducidad de las obras humanas—, y hay, por último, un realismo que vibra de indignación moral: un realismo que, al escarnecer a los moralistas, confirma su afinidad con ellos, constituyendo consecuentemente un moralismo frustrado y decepcionado. Hay un realismo, por decirlo ahora con categorías weberianas, de la *Weltbeherrschung* —o sea: del dominio consciente del mundo—, amante del riesgo y del azar; hay un realismo de la *Weltanpassung* —esto es: de la adaptación al mundo—, escéptico y dado a las soluciones de compromiso, y hay un realismo de la *Weltablehnung* —es decir: del rechazo del mundo—, realismo que desemboca en la misantropía y en el convencimiento de que, si los hombres son capaces de convivir en una sociedad sin destruirla, eso se debe solamente a que no están a la altura de su odio recíproco[10].

10. Véase E. M. Cioran, *Storia e utopia*, Adelphi, Milán 1982, p. 101 [hay trad. cast. de Esther Seligson, *Historia y utopía*, Tusquets, Barcelona 2023; ed. original: *Histoire et Utopie*, Gallimard, París 1960].

2. Entre el arte y la ciencia

El realismo, aunque en rigor no constituye ni un enfoque científico de la realidad política, ni una orientación ideológica que, sobre la base de una naturaleza humana constante, propugne una inmodificabilidad sustancial también de las estructuras sociales, a menudo se ha entendido, así y todo, como ambas cosas. En el discurso de los realistas no es raro que aflore, en efecto, la presunción de una actitud científica superior en el sentido de más objetiva, exenta de valoraciones y depurada, en sus juicios, de la interferencia tanto de factores emocionales, como de preferencias. Y esta orientación conlleva cierto conservadurismo, como resulta obvio en la asunción preanalítica de una inmutabilidad de la naturaleza humana. Una reflexión crítica sobre el realismo se debe desarrollar teniendo en cuenta estos dos componentes.

Sin necesidad de entrar en consideraciones científicas o ideológicas, en el realismo se puede constatar una restricción que es intrínseca a cualquier observación del fenómeno político. Pues el realismo tiene por objeto no las ideologías, sino los *hechos del poder*. Aquí un punto de partida obligatorio ha de ser, qué duda cabe, el célebre pasaje del capítulo XV de *El príncipe* de Maquiavelo, donde se expone lo que calificaríamos de «programa científico» del autor:

> Pero, siendo mi propósito escribir cosa útil para quien la oiga, me ha parecido más conveniente ir tras la verdad efectiva de la cosa, que no tras la imagen de ella. Y muchos se han imaginado repúblicas y principados que no se ha visto ni conocido nunca que existieran de verdad; porque cómo se vive está tan lejos de cómo se tendría que vivir, que, quien deja lo que se hace en la

práctica para atender a lo que debería hacerse, aprende antes su ruina que no su preservación. Porque un hombre que quiera hacer en todas partes profesión de bueno, ha de irse a pique entre tantos que no lo son[11].

Esta de Maquiavelo es una declaración de método: su camino para el conocimiento político es el de la observación directa y el registro —sin «coloreados» emocionales— de cuanto sucede. A diferencia de quien antepone la prescripción a la descripción, el realista se preocupa ante todo por establecer los hechos e inquirir en las conexiones dinámicas de los mismos. Semejante orientación no es ajena, sin embargo —como el pasaje citado pone de relieve—, a una asunción antropológica explícita.

El desafío al que se enfrenta la investigación del realista no reside en imaginar lo que tendría que ser, sino en conjeturar las razones por las cuales, lo que es, es así. En su carta —no menos famosa— del 26 de agosto de 1513 a Francesco Vettori, quien, alardeando de cultura clásica, lo había invitado a releer cuanto Aristóteles dijera sobre la división de las repúblicas, Maquiavelo contesta (con cierto enojo): «Yo no sé qué diga Aristóteles de las repúblicas fragmentadas; por mi parte pienso lo que podría ser según la lógica, lo que es y lo que ha sido»[12]. El realismo se alimenta, en efecto, del estudio del pasado, de la consideración del presente y de una conjetura

---

11. N. Maquiavelo, *Il principe*, en *id.*, *Opere*, vol. I, Einaudi, Turín 1997, p. 159 [hay trad. cast. *e.g.* de Miguel Ángel Granada Martínez, *El príncipe*, Alianza Editorial, Madrid 2010].

12. Véase *id.*, *Lettere*, en *id.*, *Opere*, vol. III, Utet, Turín 1984, p. 417 [hay trad. cast. de Stella Mastrangelo, *Epistolario 1512-1527*, reed. en Fondo de Cultura Económica, Ciudad de México 2013].

racional del futuro sustentada en esos dos saberes previos. La autoridad de la historia y la experiencia del presente deben ponderarse recíprocamente para llegar a previsiones razonables. Porque la experiencia sin la historia es ciega, mientras que la historia sin la experiencia puede resultar engañosa. En el proemio al libro segundo de sus *Discursos*, Maquiavelo pone en guardia frente a un peligro que se cierne sobre cualquier trabajo historiográfico: idealizar el pasado. Dado que este, a diferencia del presente, no puede ser motivo ni de temor ni de envidia, el historiador puede verse llevado a quitar importancia a «las cosas que supondrían infamia para aquellos tiempos», magnificando, por el contrario, cuanto pudiera suponerles gloria. Inversamente, la inseguridad y el odio a las depravaciones humanas circundantes pueden inducir al observador a atribuir a su época unos niveles de corrupción nunca antes alcanzados.

En semejante configuración, el realismo es una forma de «empirismo radical»[13] basada en los meros hechos de la política, los cuales están interconectados por una red de conceptos tan elementales, como indeterminados. Basta asumir una definición de «política» que ofrece de manera sintética —pero clarísima— el contenido de esta doctrina, para encontrar tales conceptos entretejidos en un solo cuerpo: *La política es la lucha que tiene como fin el poder y, como medio, la fuerza*. Ahora bien: qué deba entenderse exactamente por «lucha», «poder» y «fuerza», eso los clásicos del realismo no lo suelen decir; asumen tales conceptos como graníticos pilares

---

13. Véase A. Passerin d'Entrèves, *Dottrina dello Stato. Elementi di analisi e di interpretazione*, Giappichelli, Turín 1967, p. 31 [hay trad. cast. titulada *La noción de Estado. Una introducción a la teoría política*, Ariel, Barcelona 2001].

del sentido común. Porque con el sentido común —o con el mundo de la *dóxa*—, el realismo, a diferencia de tantas filosofías, no tiene intención de romper. De lo que sí quiere prescindir es de su sesgo emocional, de su vocación tranquilizadora. El realismo no parte del sentido común para echar por tierra las asunciones del mismo, sino para radicalizarlas; persigue inmunizar al sentido común de las tentaciones normalizadoras. La realidad de la política —he aquí el mensaje del realismo— no es normal, sino excepcional; es el lugar donde la «naturalidad» de las motivaciones, de los intereses, de las prácticas de los hombres..., se condensa en conglomerados inestables y presagiadores de peligros. Y en la medida en que la «normalidad» del sentido común no está pertrechada para hacer frente a lo excepcional —ni para detectar que lo excepcional se aproxima—, el realismo quiere educar al miedo, diciplinarlo: neutralizar sus componentes autodestructivos —y poner en valor los defensivos— al servicio de la autoconservación.

Pero el realismo no se limita a describir y explicar: también aspira a prever y prescribir. Tiene que ver con una concepción que enfoca la política no como una ciencia, sino como un arte. Su rechazo del «tener que ser» arremete contra las normas de una razón idealizante, es decir, contra el ámbito moral; pero no contra el ámbito técnico-pragmático. De hecho, en el terreno de la praxis política, el realismo es incluso demasiado pródigo en preceptos (sobre el arte de conseguir y conservar el poder). Maquiavelo pretende escribir, como hemos visto, «cosa útil para quien la oiga»; de ahí que se dirija a quienes detentan el poder. El suyo es un saber que se pone a disposición del Palacio. El conocimiento de las regularidades de la historia y de las constantes antropológicas —porque el comportamiento del hombre tiene que poder hacerse calculable— es condición de cualquier gobierno eficaz. El realismo concibe la política —por decirlo en términos kantianos— como el «arte de aprovechar el mecanismo de la naturaleza para gobernar a los hombres»[14], es decir, como una ingeniería de las motivaciones. En la historia del pensamiento se han ideado otras arquitecturas, se ha concebido la ciencia política —la *epistéme politiké*— como ciencia de la constitución y de la legislación o como técnica pedagógica centrada en desarrollar las virtudes del ciudadano. El realismo, aunque tampoco es que excluya eso por completo de su ámbito, es otra cosa: un saber dirigido a la acción estratégica y al arte de gobernar.

A diferencia de las concepciones filosóficas de la política —que parten de la teoría para imponer modelos a la praxis—, el realismo es fundamentalmente una praxeología, es decir, una doctrina que interpreta situaciones, elabora máximas para la acción y formula previsiones sobre la base de la experiencia. Son evidentes, sin embargo, los límites de una preceptística orientada al arte política: pudiendo ser tantos sus destinatarios, y tan distintos en el sentido de animados por intereses divergentes —príncipes y *civitates*, aristócratas y el pueblo—, el preceptor se embarca en una empresa peligrosa y destinada a envolverlo en las infinitas contradicciones de lo real. El suyo es un saber estocástico, que inevitablemente se pierde en los laberintos de la subjetividad. Al realista «puro» —cuyo medio expresivo es la *reflexión*—, se contrapone, por

14. Véase I. Kant, *Per la pace perpetua*, en *id.*, *Scritti politici e di filosofia della storia e del diritto*, Utet, Turín 1965, p. 319 [hay trad. cast. de Joaquín Abellán, *La paz perpetua*, Alianza Editorial, Madrid 2016; ed. original: *Zum ewigen Frieden. Ein philosophischer Entwurf*, Friedrich Nicolovius, Königsberg 1795].

tanto, el realista «práctico», que se expresa a través del *precepto*[15]. Pero si el realista puro, que se autoexcluye del Palacio, es una figura límite —teniendo en cuenta que el político, a diferencia del moralista, no puede condenarse a la soledad—, el realista práctico es el habitante habitual del Palacio del Poder. En la misma media en que el primero es hamletiano en su manera de preguntarse sobre las situaciones, el segundo hace gala de seguridad en su definición de estrategias defensivas y de ataque. Aquí el escepticismo teórico contrasta, en efecto, con el dogmatismo práctico. De su ambigüedad constitutiva —entre la ciencia y el arte política—, al realismo no es posible liberarlo.

3. *Post res perditas*

Para entender esa ambigüedad siempre latente, resulta útil adoptar un punto de vista biográfico-psicológico. Porque el realismo es una actitud que emana de la experiencia de la praxis política; es la concepción de la política que tienen no los filósofos, sino los políticos que la ejercen de manera concreta... o los que la han ejercido (y en eso ya va implícita una distinción entre el realismo que acompaña al ejercicio del poder, y el realismo que madura desde la amarga reflexión sobre la pérdida del poder). Es necesario, en efecto, colocar en planos diferentes el realismo de Richelieu y el de Maquiavelo. Puede que el primero esté más apegado a la realidad, pero es el segundo el que nos guía más a fondo en el descifre

15. Retomo aquí la distinción que propone G. Macchia en *I moralisti classici. Da Machiavelli a La Bruyère*, Adelphi, Milán 1988, pp. 23-24.

de las lógicas del poder[16]. Aquí no se trata solo de la banal constatación de que, a quien está ocupado en el ejercicio del poder, apenas le sobra tiempo para meditar sobre el poder. Se trata, antes bien, del hecho de que el actor está tan metido en las lógicas del poder, que no es capaz de distanciarse de las mismas para seguir designios de más largo alcance, como tampoco puede desvelar dichas lógicas sin exponerse al riesgo de un fracaso práctico.

El gran realismo político surge en el punto de encuentro de la perspectiva del actor con la del espectador. Para conocer empíricamente la realidad de la política, es necesario, en efecto, haberse introducido en ella. Para revelar, sin embargo, las lógicas de dicha realidad, hace falta otra cosa: distanciarse de sus urgencias, abstraerse de sus servidumbres cotidianas, elaborar reflexivamente sus enseñanzas. En la primera perspectiva prevalece el optimismo de la acción; en la segunda, el pesimismo de la inteligencia. No es casual que los dos máximos representantes del realismo político en la historia occidental —Tucídides y Maquiavelo— escribieran sus obras *post res perditas*, es decir, después de haber podido experimentar en carne propia los imperativos y peligros existenciales de la política en épocas de agitación y crisis. Otro tanto cabría añadir que rige, bien mirado, para Platón, quien en su carta séptima refiere su disgusto con la política ateniense; o para Guicciardini, quien acomete la *Historia de Italia* en el momento de su fracaso político, y en ella trabaja mientras compone un discurso para defenderse

16. Para convencerse, basta comparar las obras de Maquiavelo con A. J. du Plessis de Richelieu, *Testamento politico e massime di Stato*, Giuffrè, Milán 1988.

de la acusación de ser, entre más cosas, «robador de dineros públicos, saqueador de nuestro condado, hombre de vida privada mezquina»[17].

La primera manera de acercarse a la actitud del realista es, por tanto, la biográfica. Si el realismo es un saber que se extrae de la experiencia práctica en el mundo de la historia, la clave para su desciframiento reside en las experiencias de quien lo adopta (experiencias de desilusión, desengaño, desencanto). La posesión y el ejercicio del poder son la primera escuela de realismo. Fungen, en efecto, de educación para las prácticas de la política: proporcionan una familiaridad cotidiana con el uso de la fuerza, con el arte de la persuasión, con la disposición al compromiso. Pero no son sino la pérdida del poder y la derrota lo que agudiza el sentido de la realidad, lo que se convierte en un filtro de la experiencia, lo que depura de la caótica intromisión del azar al flujo de los acontecimientos, lo que permite extraer, del magma de las acciones y las legitimaciones para actuar, las nervaduras más robustas, las continuidades que tienen orígenes estructurales, los obstáculos profundos que con frecuencia el actor, en la inmediatez de su quehacer, no logra vislumbrar. Pero el realista no se acerca al enigma de la historia convencido de poseer su solución. El descifre de la historia no se convierte, en su escaleta de trabajo, en filosofía de la historia.

El enfoque psicológico tienes sus límites, pero permite entender mejor el carácter polémico del realismo. La experiencia del fracaso equivale, para el realista, al descenso

---

17. Véase F. Guicciardini, *Consolatoria Accusatoria Defensoria. Autodifesa di un politico*, ed. de U. Dotti, Laterza, Roma/Bari 1993, p. 126.

a la caverna del filósofo. También él debe liberarse de una ingenua confianza en las apariencias, de una sobrevaloración de sí mismo y de los demás. El realista está en lucha con la realidad: su mentalidad y su forma de sentir comportan una conciencia no solo de la hostilidad del ambiente en que él mismo se mueve, sino también de la inconfiabilidad de quienes están a su lado en una empresa. El realista teme a los enemigos y desconfía de los amigos; es un misántropo condenado a la acción y, por consiguiente, a la vida social. El político se mueve en situaciones de máxima incertidumbre —aquellas en que el carácter voluble y problemático de la naturaleza humana se exalta—, pero los imperativos de la acción plantean, como condición, una cierta confianza y un cierto optimismo, un convencimiento subjetivo de que es posible tener éxito, convencimiento sin el cual el salto a la acción no puede funcionar. El actor político no puede permitirse que el pesimismo de la inteligencia ahogue al optimismo de la acción.

A menudo es el naufragio de una carrera política lo que da inicio al pesimismo de la reflexión. Cuando un hombre de acción derrotado echa mano a la pluma, no son los motivos nobles, sino tan solo los egoístas —o inmorales, o irracionales— los que dominan su reconstrucción de los acontecimientos. Esto ya lo observaba Montaigne a propósito de la *Historia de Italia* de Guicciardini:

> También he advertido lo siguiente: que, de tantos espíritus y hechos como juzga, de tantas maquinaciones y designios, jamás atribuye uno solo a la virtud, a la religión y a la conciencia, como si verdaderamente estuvieran estas extinguidas en el mundo. Y de todas las empresas, por bellas que puedan ser en

su apariencia externa, él no atribuye la causa sino a alguna ocasión malvada o a algún beneficio[18].

Pero la experiencia de la debacle también puede tener otros efectos. Al escepticismo extremo de Guicciardini se contrapone el pragmatismo desencantado de Maquiavelo. Para el primero, las cosas humanas no se dejan reconducir a orden y regularidad en ningún caso, a pesar de cualquier esfuerzo. Para el segundo, tras la gran desilusión queda un vestigio de la presunción optimista de sojuzgar al mundo: el convencimiento de que es posible sacar de la experiencia preceptos cuya validez no caduque. Únicamente la reflexión puede depurar de elementos deformadores la valoración de la realidad y hacer perceptible esa fuerza doble de la realidad y la apariencia. También Maquiavelo es consciente, así y todo, del riesgo de tales teorizaciones. Porque la realidad y la apariencia a menudo se alían para desbaratar las previsiones humanas.

4.   Realidad y apariencia

Los hechos del poder no son directamente obvios: están cubiertos, disimulados. Para los realistas, el hombre es un animal mistificador. No está a la altura de la realidad en la que está condenado a moverse y, por eso, constantemente

18. M. de Montaigne, *Saggi*, Mondadori, Milán 1986, vol. II, pp. 98-99 [hay trad. cast. *e.g.* de J. Bayod Brau, *Los ensayos*, Acantilado, Barcelona 2021; (última) ed. original: *Essais*, Abel l'Angelier, París 1588]. Sobre este tema véase G. Sasso, *Per Francesco Guicciardini. Quattro studi*, Istituto Storico Italiano per il Medio Evo, Roma 1984.

busca «colorearla» de manera acorde a sus emociones. Por otra parte, para dominar lo real ha de moverse con circunspección y fingir (para no exponer sus acciones a la resistencia de quienes compiten con él por los mismos bienes escasos). Lo que se obtiene con la fuerza, debe parecer que se ha logrado mediante el consenso; lo que es objeto de apropiación, debe parecer resultado de una distribución ecuánime e impersonal.

Para el realista es central la dialéctica realidad-apariencia. La realidad está escondida: los hombres no dicen lo que hacen y esconden, con sus palabras, lo que hacen con sus actos. He aquí, por tanto, la primera pregunta que se hace el realista: «¿Qué realidad se oculta bajo la apariencia?». Porque la política no solo son ideas, programa, artificio, construcción institucional, ficción jurídica..., sino también enredo de intereses, motivaciones profundas, factores viscerales, tendencias a largo plazo. Y, sobre todo, la política no es solo representación de la actuación en público, sino que tiene relaciones —en general disimuladas, o solo parcialmente manifiestas— con las dimensiones de lo privado y lo secreto. El realismo es, así las cosas, en primer lugar un análisis de la política que saca a la luz lo que está escondido y lo que la política esconde: lo privado y lo secreto, de lo que forma parte lo inmoral y lo ilícito.

El realismo se opone, como es sabido, a la utopía y a la ideología. Mientras que el utopista busca la perfección política en un *hyperouránios tópos*[19] de abstracciones y el ideólogo transfigura con «apariencias engañosas» la realidad del poder, el realista «inquiere el verdadero rostro de la política

19. *I.e.* «lugar supraceleste», véase Platón, *Fedro*, 247c. *(N. del T).*

debajo del mundo de las ideas y *detrás* de las máscaras legitimadoras, rechazando los sueños de la utopía y las contradicciones de la ideología»[20]. Ahora bien: ¿qué garantiza que la realidad a la que se accede rasgando los velos de la ideología y la utopía no sea una realidad coloreada por otras asunciones igualmente valorativas? Porque el realista atribuye a su experiencia esta función de neutralización crítica... pero el realismo es igualmente una práctica política que hace un uso virtuoso de la disimulación y del secreto y, a través de tales técnicas, favorece la génesis de esos constructos conspiratorios de los que suelen alimentarse las ideologías.

Una vez más, ha de ponerse de relieve la fundamental ambivalencia del realismo. El cual es, por un lado, desvelamiento de la realidad que se esconde bajo la apariencia, búsqueda de las causas estructurales de los fenómenos (en oposición a las causas ocasionales de los mismos, a los motivos que aducen los actores, a la ideología de estos). Por otro lado, sin embargo, el realismo también propugna que la realidad de la política se reduce a su apariencia, a su ser percibida ora de este modo, ora de aquel. Hay, en efecto, dos clases de actores en la escena política: los que juzgan y actúan conociendo las causas profundas de los acontecimientos y las motivaciones ocultas de los interesados, y los que juzgan y actúan sobre la base de cuanto les es visible o les es hecho visible (sobre la base, por tanto, de la mera apariencia). «Los hombres generalmente juzgan más por los ojos que no por las manos. Porque ver les toca a muchos;

---

20. Véase M. Bovero, «Gramsci e il realismo politico», en F. Sbarberi (ed)., *Teoria politica e società industriale. Ripensare Gramsci*, Bollati Boringhieri, Turín 1988, p. 60.

sentir, a pocos. Muchos ven lo que pareces; pocos sienten lo que eres».[21] Debido a esta predisposición de sus actores, la política es teatro de simulación y disimulación, máquina de artificios y ficciones.

En el ámbito del realismo se inscriben, así, tanto un saber que está al servicio de la autoconservación y de la autoafirmación —de la supervivencia y del avasallamiento—, como una autoconciencia filosófica resultante de un desenmascaramiento de las lógicas efectivas del poder (en contraposición a las ideologías, las cuales sirven para conferir sentido o motivación a la acción de los individuos o de los grupos). De lo primero puede resultar una apología de lo existente; de lo segundo, una teoría crítica de las patologías políticas. «Enseña muy bien Cornelio Tácito —escribe Guicciardini— a quien vive sometido a los tiranos la manera de vivir y regirse con prudencia, del mismo modo que enseña a los tiranos y maneras de establecer la tiranía»[22]. Una ambigüedad análoga se ha atribuido, como sabemos, a Maquiavelo: para unos, execrable consejero de tiranos; para otros, educador de los pueblos de cara a la libertad republicana. También con esta paradoja está destinada a convivir el realismo político.

5. Poder y conflicto

La realidad, como dijimos, es resistencia. Pero esa realidad que se resiste no es simplemente necesidad objetiva, sino

21. N. Maquiavelo, *Il príncipe, op. cit.,* XVIII, p. 166.
22. Véase F. Guicciardini, *Ricordi,* Garzanti, Milán 1975, p. 28, n. 18 [trad. cast. de Antonio Hermosa Andújar, *Recuerdos,* Centro de Estudios Constitucionales, Madrid 1988].

también una voluntad opositora para vencer la cual es necesario el poder, que es voluntad organizada y armada. El poder es, en su acepción más general —la de fuerza—[23], el recurso fundamental del que se debe echar mano para contener y sojuzgar la voluntad ajena, que es una voluntad hostil. La mutua implicación de poder y hostilidad es el fundamento en que reposa el edificio entero del realismo político.

El poder tiene dos caras: una externa y otra interna. Y, así, también la política tiene un eje horizontal (de tipo conflictivo) y un eje vertical (caracterizado por el dominio, que consiste en la represión del conflicto mediante el uso o la amenaza de la fuerza física). Thomas Hobbes, el filósofo defensor del Estado contra la amenaza latente de la guerra civil, sintetizó este problema con una fórmula eficaz: «Para cada quien es enemigo cualquiera que ni le obedezca, ni le mande» (véase el *De cive*, IX, 3). Donde hay igualdad —tal es la apremiante lógica hobbesiana—, no puede haber sino conflicto; y donde se supera el conflicto, no puede haber sino jerarquía y estructura de dominio. La paz y la anarquía se excluyen recíprocamente, de donde se sigue con férrea necesidad que, en un espacio político en el cual no exista una jerarquía del mando y de la obediencia —en un espacio político, por tanto, como el de las relaciones entre Estados soberanos—, rige una situación de hostilidad continua y de guerra latente.

23. Véase M. Weber, *Economia e società*, Edizioni di Comunità, Milán 1974, I, p. 51 [trad. cast. de José Medina Echavarría *et al.*, *Economía y sociedad. Esbozo de sociología comprensiva*, reed. en Fondo de Cultura Económica de España, Madrid 2002; ed. original: *Wirtschaft und Gesellschaft*, Mohr, Tubinga 1922]: «La fuerza designa cualquier posibilidad de hacer valer, dentro de una relación social —también frente a una oposición—, la voluntad propia, sea cual sea la base de dicha posibilidad».

Cabe, pues, identificar el núcleo teórico del realismo en unas pocas asunciones fundamentales: (I) la realidad política es conflicto; (II) el conflicto se gobierna con la fuerza; (III) el conflicto produce orden y forma a través de (IV) la instauración de jerarquía y mando. Partiendo de la premisa de la naturaleza íntimamente conflictual y antagónica de la política, el realismo se contrapone en primer lugar al *pacifismo*, esto es, a la ideología según la cual no solo es deseable eliminar del mundo político esa forma de conflicto extremo que es la guerra, sino que además es posible. Para el realismo, la única forma de poner límites a la hostilidad es constituir el dominio: pasar, de la violencia horizontal y anómica, a un poder vertical y organizado que gobierne el conflicto. El mero hecho de que exista un mando significa que hay un orden, y el orden —cualquier orden— es mejor que el conflicto y la anarquía. Desde esta perspectiva, lo contrario del realismo es, en cambio, el *anarquismo*. Más concretamente, una doctrina que por una parte niega tanto el carácter natural de la hostilidad, como la superación de la hostilidad mediante el elemento artificial del poder, y por otra parte afirma que es el poder, antes bien, lo que produce la hostilidad.

El realismo plantea la existencia de una conexión ineludible entre pacificación interna y externalización del conflicto. El universo político es un pluriverso y, la guerra, una constante ineliminable del mismo[24]. La neutralización del conflicto en el seno de un espacio estructurado por el poder es una necesidad dictada por el asedio o por la presencia de un enemigo exterior; es el fruto del temor o, por lo menos,

---

24. Véase C. Schmitt, «Il concetto di "politico"», en *id.*, *Le categorie del «politico»*, *op. cit.*, pp. 137-138.

de un cálculo de utilidad. Pero la pacificación se consigue externalizando los costes de la convivencia y proyectando más allá de las fronteras esa agresividad que, si se descarga dentro de un Estado, supone la autodisolución del mismo. Para los realistas, en la historia la cohesión de las síntesis políticas viene dada por la presencia de un enemigo exterior y por el recurso continuo a la guerra como herramienta para mantener la concordia entre las clases. Ya Maquiavelo sentenciaba en sus *Discursos* (II, 25) que «la razón de la desunión de las repúblicas es, las más veces, el ocio y la paz; la razón de la unión es el miedo y la guerra». De forma análoga, para los realistas la guerra civil también suele constituir una etapa esencial en el proceso de formación de síntesis políticas especialmente sólidas y duraderas[25].

De manera que, para este paradigma, el sentido o la finalidad de la política reside primariamente no en la convivencia de los individuos, sino en la supervivencia del grupo, la cual presupone (I) el avasallamiento de los grupos rivales, (II) la apropiación de los recursos necesarios y (III) la organización del grupo en cuestión conforme a una estructura no igualitaria. Los realistas asumen que el mundo se caracteriza, además de por la hostilidad, por la escasez. Y es la interacción de estos dos factores lo que excluye la posibilidad de soluciones pacíficas y justas al problema social. Si no hubiera hostilidad, un esquema equitativo de reparto de los recursos sería realizable; si no hubiera escasez, la hostilidad podría neutralizarse o, por lo menos, relativizarse

---

25. Véase G. Miglio, «Guerra, pace, diritto. Una ipotesi generale sulle regolarità del ciclo politico», en *id.*, *Le regolarità della politica, op. cit.*, II, pp. 761-790.

con contrapartidas de carácter económico. Pero resulta que la hostilidad y la escasez son componentes estructurales de la condición humana. El equilibrio que resulta de la interacción de estos factores se caracteriza, necesariamente, por una desigualdad estructural[26].

¿Qué es entonces, en resumen, el realismo político? En su dimensión descriptiva, se trata de un paradigma epistemológico que concibe la política como una lucha por el poder —una lucha que se vale de la violencia hasta el extremo de dar muerte a personas—, y el Estado como un «puro fenómeno de fuerza» o como un instrumento para imponer un orden[27]. En su articulación prescriptiva, el realismo ha de entenderse, por el contrario, como una orientación o una sensibilidad —cabría hablar casi de un «instinto»— que está al servicio la autoconservación de ese sujeto colectivo que es el Estado; es una suerte de tecnología del poder que opera con base en las motivaciones de la acción humana, un arte de gobernar que, fundamentada en un conjunto más o menos sistemático de máximas prudenciales, está siempre buscando precarios equilibrios en situaciones caracterizadas por desigualdades, actores hostiles y recursos escasos.

Entendido como paradigma epistemológico, al realismo se le pueden atribuir, más analíticamente, una concepción conflictualista de lo político, una concepción estratégica de la política y una concepción técnica del Estado. Una concepción

---

26. Véase J. Freund, *La esencia de lo político*, trad. cast. de Sofía Nöel, Centro de Estudios Políticos y Constitucionales, Madrid 2018.

27. Véase N. Bobbio, *Stato, governo, società. Frammenti di un dizionario politico*, Einaudi, Turín 1995, pp. 43 y ss. [en trad. cast. véase *id.*, *Estado, gobierno, sociedad. Contribución a una teoría general de la política*, trad. de Luisa Sánchez García, Plaza & Janés, Barcelona 1987, e *id.*, *Estado, gobierno, sociedad*, Movimiento Cultural Cristiano, Madrid 2001].

conflictualista de lo político —en oposición a una concepción armonicista de la sociedad— en el sentido de que el conflicto siempre es, en última instancia, constitutivo del espacio político, y ninguna ordenación institucional logra contenerlo y superarlo de una vez para siempre. Una concepción estratégica de la política —en oposición a una concepción comunicativa— en el sentido de que la finalidad de la acción política no es el entendimiento en torno a valores sustantivos —la justicia, el bien común— o en torno a procedimientos, sino el éxito. Una concepción técnica del Estado —en oposición a una concepción ética— en el sentido de que el Estado se ve como un conjunto de relaciones de fuerza sobre las cuales tienen una incidencia secundaria —en cuanto encubrimientos y racionalizaciones *a posteriori*— las formas jurídicas, las ideologías de la justicia y los valores.

Entendido como un recurso estratégico del hombre de gobierno, el realismo es, en cambio, un arte política, un conjunto de técnicas para el control de los comportamientos cuyo objetivo reside en la atemperación de orden y conflicto y en la seguridad colectiva. Frente a la concepción «escatológica» de la política que caracteriza a los movimientos revolucionarios, para los cuales la política supone una última batalla sucia tras cuya victoria los rasgos esenciales de la condición humana podrán modificarse en términos estructurales —la famosa transición desde el «reino de la necesidad» al «reino de la libertad»—, el realismo hace suya una concepción «demonológica» de la política[28] por cuya virtud la fuerza y el fraude, la avaricia y la ambición, la envidia y la ingratitud,

---

28. Véase D. Sternberger, *Drei Wurzel der Politik*, Insel, Frankfurt del Meno 1978.

el engaño y la sospecha constituyen elementos insuprimibles de la dinámica política. En tanto que haya Estados y se haga política, los hombres de gobierno tendrán que adoptar tales códigos de conducta.

El debate sobre la racionalidad y sobre la eficacia de esta arte política se remonta a los orígenes de la tradición política occidental. La lucha por la supervivencia del grupo, ¿lleva necesariamente al avasallamiento, o se puede suavizar con vistas a la coexistencia? El avasallamiento, ¿es compatible con la consolidación de un orden, o está fatalmente destino a provocar una respuesta de igual tenor, un «contraavasallamiento»? La lucha por el poder, ¿está al servicio de la conservación del grupo, o al servicio solamente de la conservación de quienes detentan el poder? Esas son las preguntas que se vienen planteando desde siempre para calibrar la racionalidad de la orientación realista. Y desde luego el realismo político está perpetuamente en vilo —como sus críticos han puesto de relieve una y otra vez— entre el defecto y el exceso. Porque a menudo la estrategia de la autoconservación corre el riesgo de resultar débil en un mundo en continuo movimiento, donde para mantenerse hace falta crecer; pero la estrategia de la autoafirmación es intrínsecamente desestabilizadora, abocada como está al avasallamiento y a la *hýbris*. Tal ambivalencia está en el código genético del realismo político.

Breve historia del problema

1. Historiografía y naturaleza humana

Si la técnica de gobierno de un universo social conflictual es el objeto específico del realismo político, este no es una doctrina que pueda circunscribirse al ámbito de la cultura occidental. Para ilustrar esto, bastaría remitir al arte de gobernar que se expone en el *Arthasastra* de Kautilia[1], o a la concepción estratégica de Sun Tzu[2]. En estos clásicos del pensamiento político oriental, el conflicto y la jerarquía ya aparecen identificados como las coordenadas fundamentales del mundo político. En esa tratadística oriental —a cuyo lado «el *Príncipe* de Maquiavelo es», como puso de relieve

---

1. Véase Kautilya [*sic*], *Arthasastra. La ciencia política de la adquisición y el mantenimiento de la tierra*, ed. de Omar Guerrero, Miguel Ángel Porrúa, Ciudad de México 2008.
2. Véase Sun Tzu, *El arte de la guerra*, trad. cast. de Gabriel García-Noblejas Sánchez-Cendal, reed. en Alianza Editorial, Madrid 2022.

Max Weber, «un escrito inocuo»–, todavía no se encuentra, sin embargo, la dimensión de una historicidad desencantada y el reconocimiento de la autonomía del mundo político: la historia se engloba aún en la dimensión de una naturaleza concebida en términos mágicos. En la tradición occidental, el realismo se configura como pensamiento de la «voluntad de poder», voluntad que invierte grandes energías y provoca trágicos destinos para imponer al mundo sus planes. El principio básico de la estrategia china –dejar que la consecuencia se produzca– resulta, por el contrario, emblemático de una actitud que no apunta a dominar el mundo mediante una dispendiosa inversión de subjetividad, sino que se adapta a él aprovechando con economicidad las ventajas de la situación[3].

La realidad de la que habla el realismo político es una realidad de carácter histórico. Es de la consideración de la historia de donde el realismo político extrae sus convencimientos y sus juicios. No puede sorprender, así, que la génesis de este paradigma en cuanto orientación del saber y de la conducta se localice en el ámbito de la historiografía, concretamente en el seno del pensamiento histórico-político griego. Su lugar originario está en Heródoto –«el primero que organizó una investigación de entidad sobre una guerra y sus causas»– y en Tucídides, que fue quien transformó tal investigación en «un estudio sobre el gobierno político y el mando militar»[4]. La historia política es –como planteó Leo

3. Véase F. Jullien, *Trattato dell'efficacia*, Einaudi, Turín 1998, pp. 121 y ss. [hay trad. cast. de Anne-Hélène Suárez, *Tratado de la eficacia*, Siruela, Madrid 1999; ed. original: *Traité de l'efficacité*, Grasset, París 1997].
4. Véase A. Momigliano, *Storia e storiografia antica*, Il Mulino, Bolonia 1987, pp. 51-52 [en trad. cast. véase *id.*, *La historiografía griega*, trad. cast. de José Martínez Gázquez, Crítica, Barcelona 1984].

Strauss— un descubrimiento específico de la cultura helénica: su objeto no es la normalidad de la gestión patrimonial del poder, sino la excepción que representan los grandes conflictos que deciden el curso de una civilización. El protagonista de las narraciones históricas no es el gran legislador ordenador de ciudades, ni el pastor de pueblos que administra ese patrimonio humano, sino el estratega conductor de ejércitos. El tema de Tucídides es la guerra más importante, la que transcurre en una civilización que ha llegado al culmen de su desarrollo. Tucídides se ocupa, pues, «del poder humano; pero del poder visto empáticamente, desde dentro»[5]. En su *Historia de la Guerra del Peloponeso*, desde la base de un conflicto armado que es el término de un proceso de acumulación de riqueza y poder —y que es también la mayor *kínesis*, el mayor movimiento que el mundo helénico haya conocido— se salta a la naturaleza humana y a las motivaciones específicas que proyectan al hombre en el espacio-tiempo del devenir histórico.

La génesis del realismo está intrínsecamente ligada a la génesis de la historia porque es pensamiento a propósito de los orígenes, saber arqueológico, indagación en las causas profundas y escondidas de los acontecimientos. Desde Heródoto hasta Tucídides y Polibio, el interés de la historiografía se va trasladando progresivamente desde la narración de las causas subjetivas —*aitía* significa originariamente «motivo de resquemor»— hacia la búsqueda de las causas estructurales de los conflictos, lo cual pasa por el establecimiento de una jerarquía de las causas: *aitía, próphasis, arché*. Frente a

---

5. Véase L. Strauss, *Gerusalemme e Atene. Studi sul pensiero politico dell'Occidente*, Einaudi, Turín 1998, p. 87.

las narraciones moralistas —orientadas a celebrar las grandes gestas, las acciones excelentes, las costumbres y las virtudes—, la historiografía del realismo trabaja para sacar a la luz las causas profundas del suceder histórico; trabaja por identificar los mecanismos del poder que subyacen a la tumultuosa (y aparentemente incomprensible) secuencia de los acontecimientos, y por descubrir las motivaciones que los actores tienden a disimular y a mantener ocultas. La búsqueda de las causas de la guerra constituye el primer banco de pruebas de un pensamiento que quiere distinguir, en la política, la realidad y la apariencia.

Pero la *Historia de la Guerra del Peloponeso* no solo es importante porque inaugure un género historiográfico científico —una historiografía que inquiere las causas tanto inmediatas, como remotas, de los sucesos grandes y memorables—, sino también por la hondura con que sondea la dimensión política de la naturaleza humana. Tucídides analiza, en efecto, la relación existencial, pero problemática, que se da entre aquello que los hombres hacen, y aquello que dicen que hacen o que quieren o deben hacer. Y en dicha relación entre los actos y los discursos se advierte una fractura, una asimetría, una disonancia. Se ha dicho de Tucídides, precisamente porque tematiza un insanable dualismo y descubre el hiato que se verifica entre la realidad de las acciones y la apariencia de los discursos, que «imita el carácter enigmático de la realidad»[6]. También descubre, sin embargo, la fuerza de esos discursos, la capacidad que tienen de mover a la acción y transformar la realidad, de dar sentido al curso de los acontecimientos. Si ya la tragedia iba en busca de la

6. Véase *ibid.*, p. 109.

lógica escondida en la locura del mundo humano, ahora la historiografía descubre en los hechos del poder las razones mundanas de tal lógica, explicando su prevalencia sobre la infinita accidentalidad de los sucesos.

En la obra de Tucídides resulta ya visible el paradigma del realismo político: su concepción de la historia —con la conjunción de la necesidad, el azar y los factores humanos—, la identificación de algunas constantes antropológicas —el miedo, lo útil y la honra como motivaciones o causas finales de la acción política—, la identificación también de la lógica antagónica de la política —una lógica en términos de amigo-enemigo—, y la reconstrucción de una dinámica de poder específica que se inscribe en la ley biológica del crecimiento y la decadencia. Se trata del paradigma que volvemos a encontrar —idéntico en sus rasgos esenciales— en la historiografía que inaugura el discurso político de la modernidad, pues también Maquiavelo ve en la historia el resultado del entrelazamiento de la necesidad, la fortuna y la virtud; también para él son el miedo, la avaricia y la ambición los principales móviles de la acción humana; también él considera que el mundo político se estructura —y se transforma— con base en reagrupamientos amigo-enemigo y en dinámicas de poder.

Las coordenadas generales del paradigma evidencian esa peculiar fusión de historicismo y naturalismo en que tiene su origen el realismo político. Su objeto es «una realidad cuya ley o principio rector prevé que la consumación de sus contenidos particulares se produzca en el ámbito de una estructura inalterable y no consumable»[7], por ejemplo

7. Véase G. Sasso, «Machiavelli e la teoria dell'*anacyclosis*», en *id.*, *Machiavelli e gli antichi e altri saggi*, Ricciardi, Milán/Nápoles 1987, p. 20.

el ciclo de las formas de gobierno o el ciclo de desarrollo de una potencia hegemónica. La reconstrucción histórica sujeta, pues, la diversidad de sus contenidos a la permanencia de una estructura general de las transformaciones. A la generalización y a la definición de las uniformidades se llega, sin embargo, a través de una hermenéutica de las situaciones concretas. En este *modus operandi* domina, en efecto, la lógica de lo específico: *el realismo quiere captar lo universal en lo particular*. Su herramienta cognoscitiva es el juicio reflexivo, una clase de juicio que no se aprende de la lógica, sino de la historia. Tan solo el conocimiento de los precedentes históricos —de los *exempla*— garantiza el acierto en la selección de los casos concretos susceptibles de universalización.

2. Filosofía política y realismo

La obra historiográfica de Tucídides es pocos años anterior al periodo clásico de la filosofía política helena. Es indudable, de hecho, que el realismo mantiene una relación particularmente cercana con el nacimiento de la filosofía política. El programa de la filosofía política supone, en efecto, una respuesta normativa al desencanto producido por la investigación histórica de la realidad: si Tucídides define el paradigma del realismo político, Platón elabora el modelo de la alternativa (o de la respuesta) filosófica al realismo. Porque la filosofía política es, respecto de este, al mismo tiempo negación y conservación: una auténtica *Aufhebung* en sentido hegeliano. Es a la vez utopía y realismo. Solo el Platón desencantado que trasluce en la carta séptima puede acometer ese proyecto ambiciosísimo de *La república*, un proyecto al que no en vano se ha atribuido —aunque a menudo de manera reductiva— el calificativo de «utópico».

Utópica es la normatividad del programa político platónico en la medida en que aspira a reinventar la polis. El modelo de una ciudad «como es debido» que traza la *República* platónica se ha convertido en el paradigma del idealismo político. La rígida articulación de las clases que rige en la polis, y sobre todo el ascetismo de los guardianes —un ascetismo que apunta al bien común, pues, como Sócrates afirma en respuesta a una razonable objeción de Adimanto, no se trata de velar por la felicidad de los guardianes, sino por la del conjunto de la ciudad—, tales cosas no pueden considerarse indicios de realismo político. Realista es, no obstante, el diagnóstico sobre el que se construye el proyecto utópico: el desorden de las pasiones, la enfermedad de la polis, la corrupción tanto de las formas de gobierno, como de los hombres que ejercen el poder. Y de tal realismo, el proyecto platónico también conserva un claro vestigio en la figura del filósofo-rey, quien no solo es «tejedor», sino además *polemikós* en la medida en que debe conocer el arte de la guerra si quiere dar forma a la polis[8].

La obra de Tucídides dejó en herencia a la posteridad dos adquisiciones fundamentales relativas al ámbito de lo político: el descubrimiento de la dinámica imperialista de poder —y de la conjunción de autoconservación y autoafirmación que tal dinámica implica—, y el descubrimiento de

---

8. Véase M. Cacciari, *Geo-filosofia dell'Europa*, Adelphi, Milán 1994, p. 34 [hay trad. cast. titulada *G hay trad. cast. tituladaeo-filosofía de Europa*, Alderabán, Madrid 2000].

la fragilidad de las instituciones políticas, unas instituciones dadas a disciplinar el conflicto interno, pero incapaces de controlar el impacto del externo. Esos problemas son los desafíos que la autoconciencia histórica plantea al pensamiento filosófico del siglo IV a. C., y la filosofía política de Platón los acomete trazando un proyecto de polis autárquica y cerrada, orientada a la estabilidad más que al crecimiento —o en cualquier caso a un crecimiento regulado y rígidamente gobernado— y dotada de un marco institucional capaz de superar tanto el dualismo político de las facciones —de las *stáseis*—, como el particularismo de los intereses. La radical propuesta platónica de reforma de la polis persigue, por una parte, el objetivo de ralentizar el desarrollo de la ciudad, quitando interés adquisitivo a las clases fuertes y conteniendo la dinámica imperialista de poder; por otra parte aspira a poner remedio a la fragilidad de las instituciones políticas, dotando a la polis de una estructura más rígida —de un orden jerárquico más vinculante— e interviniendo para proscribir de las relaciones panhelénicas la guerra fratricida. Semejante respuesta es problemática —con razón reprochaba Aristóteles a Platón precisamente su falta de realismo— y se expone a una doble crítica: por un lado, la existencia de dos ordenamientos de la propiedad es causa de una fractura estructural de la polis y, por tanto, da lugar a *stáseis*; por otro lado, la obsesión por la unidad de un orden rígidamente jerárquico termina transformando la polis en una estructura de poder despótico.

Conque en el programa utópico de Platón están contenidas ya las razones de esa duradera hostilidad entre filosofía y política que, como planteó Hannah Arendt, sería un rasgo distintivo de la tradición occidental[9]. Tal hostilidad originaria puede interpretarse de distintos modos, pero para ponerla de manifiesto bastan las primeras frases del diálogo que construyó sobre el *Alcibíades* (pseudo)platónico un coetáneo de Arendt: Bertrand de Jouvenel[10]. El filósofo teme el daño que puede provocar la actuación insensata; el político teme del daño que pueden causar la omisión y la indecisión. Por eso Sócrates exhorta a Alcibíades para que adquiera, antes de actuar, sabiduría o, por lo menos, conciencia de no saber cuál es el bien de la ciudad —ni, por lo tanto, el objetivo de la acción—, mientras que Alcibíades escarnece lo fútil de un saber enajenado de la realidad. El filósofo no puede soportar el laxismo de una conducta sometida a la irracionalidad ética del mundo; el político se impacienta con las inconcluyentes abstracciones teóricas y con las pretensiones normativas de una teoría incapaz de inspirar la praxis de la mayoría. Es en el plano del *saber de quien gobierna* donde se juega la partida decisiva entre el realista y su antagonista-filósofo. Para el primero, el objetivo viene dado por la biología o por la historia —la autoconservación y la autoafirmación—, y el saber tendrá que ver con las técnicas para alcanzar tal objetivo del modo más eficaz y duradero; para el filósofo, el objetivo tiene más exigencias, toda vez que no se trata solamente de

9. Retomo aquí, pero con propósitos distintos, la conocida tesis de una hostilidad entre filosofía y política que H. Arendt desarrolla en *Sulla rivoluzione*, Edizioni di Comunità, Milán 1983, p. 251 [hay trad. cast. de Pedro Bravo, *Sobre la revolución*, reed. en Alianza Editorial, Madrid 2013; ed. original: *On Revolution*, Penguin Books, Nueva York 1963].

10. Véase B. de Jouvenel, *La teoria pura della politica*, Giuffrè, Milán 1997, pp. 27 y ss. [hay trad. cast. de J. M. de la Vega, *La teoría pura de la política*, Revista de Occidente, Madrid 1965; ed. original: *The Pure Theory of Politics*, Yale University Press, New Haven 1963].

la autoconservación de algunos, sino de la convivencia de todos (de la convivencia cosmopolita, en última instancia).

Ya en el diálogo entre Sócrates y Trasímaco del libro primero de *La república* —al admitir el segundo que la fuerza por sí sola no basta, sino que ha de ir respaldada por conocimientos específicos de quien ostenta el mando—, se abre un contencioso a propósito del mérito: para el filósofo, la sabiduría de quien manda será tal únicamente si está en condiciones de considerar el beneficio de los gobernados; para el sofista se trata, por el contrario, del arte de aprovechar la ingenuidad, la debilidad y la vileza del grueso de los hombres. La contraposición es radical: la filosofía, tras denunciar la subjetividad y la relatividad de motivaciones como el deseo, el interés o la pasión, trata de identificar unos valores objetivos —un bien común, la justicia como cualidad del orden social...— sobre los cuales fundar la comunidad política; el realismo desenmascara esa presunta objetividad y pone de manifiesto el carácter subjetivo —el carácter, por tanto, convencional y relativo— de la justicia misma, de las leyes, de la razón humana. Lo que se llama «justo», a menudo no es otra cosa que el encubrimiento ideológico de lo que quiere el más fuerte; o bien, a la inversa, el arma con la que se protegen los débiles. El realismo es, así las cosas, el gran corrosivo de esas teorías de la justicia en las que la filosofía política siempre ha localizado su núcleo normativo.

Aunque la filosofía política de Platón pueda leerse —empezando por su antropología— como una elaboración filosófica del desafío del realismo, sigue habiendo un elemento diferenciador que seguirá operando en la tradición y que sigue haciendo persuasiva, todavía hoy, la contraposición entre moralismo filosófico y realismo político. Donde el primero se dedica a un programa ético-pedagógico orientado a cambiar la naturaleza humana, el segundo parte, en efecto, del convencimiento de que tales esfuerzos son vanos; donde el primero establece —en consonancia con sus presupuestos— lo plausible de una conexión entre reforma moral y reforma institucional, el segundo infiere de manera no menos consistente, desde el postulado de la inmutabilidad de la naturaleza humana —un postulado sustentado en la experiencia—, la consecuencia de que solo son posibles cambios institucionales limitados. Para el realismo político, cualquier grandioso proyecto de reconstrucción de la sociedad que se conciba desafiando las leyes de la naturaleza humana desembocará, forzosamente, en un trágico fracaso. En este punto no cabe duda de que la historia le ha dado la razón...

3. Cristianismo y pesimismo

La trayectoria histórica del realismo político solo puede descifrarse si, junto a la implicación y contraposición originariamente habidas entre la filosofía y el realismo, se pone también sobre la mesa el vínculo —una vez más, de implicación y contraposición— existente entre el realismo y la religión cristiana. Es un vínculo, en efecto, en primer lugar de implicación, porque no cabe duda de que entre los factores genéticos de la concepción *negativa* del hombre y del Estado —concebido este como remedio a la maldad del hombre—, un puesto de primer rango le corresponde a la doctrina cristiana del pecado original y de la culpa. Y es un vínculo, además, de contraposición en la medida en que, frente al cristianismo —entendido este como «religión de la compasión» y de la renuncia—, el realismo hace suya una ética de la autoafirmación colectiva y una ideología de la plenitud de poder.

En una primera aproximación, el realismo político y el cristianismo se presentan como los dos términos de una antítesis. Si el realismo está orientado al reconocimiento de la autonomía de la política, el cristianismo originario apunta, en cambio, a la negación de la política: «A nosotros, los cristianos, nada nos es más ajeno que la cosa pública», afirma Tertuliano[11]. Entre las numerosas interpretaciones que han sacado a relucir el cuño antipolítico del cristianismo destacan, como es sabido, las de Maquiavelo y Nietzsche. Para el secretario de la segunda cancillería de la República de Florencia, el cristianismo es una ideología de la debilidad y de la decadencia política; la moral del rechazo del mundo, del carácter intrínsecamente pecaminoso de este, no puede sino transformarse en una política de capitulación frente al mal. Por su parte, el filósofo de la «voluntad de poder» —que era un gran admirador de Tucídides y Maquiavelo— consideraba que el «mundo de pura ficción» de la religión cristiana es tan solo «la expresión de un profundo malestar frente a lo real. [...] En el cristianismo, ni la moral ni la religión tienen ningún punto de contacto con la realidad»[12]. La compasión

---

11. Para un estimulante enfoque del problema, véase H. Arendt, *Che cos'è la politica?*, Edizioni di Comunità, Milán 1995, pp. 47 y ss. [hay trad. cast. de Rosa Sala Carbó, *¿Qué es la política?*, reed. en Paidós, Barcelona 2018; ed. original: *Was ist Politik?*, ed. póstuma de Ursula Ludz, Piper, Múnich 1993].
12. Véase F. Nietzsche, *L'Anticristo*, en *id.*, *L'Anticristo. Maledizione del cristianesimo*, Adelphi, Milán 1995, p. 15 [hay trad. cast. *e.g.* de Andrés Sánchez Pascual, *El anticristo. Maldición sobre el cristianismo*, reed. en Alianza Editorial,

deprime la energía del sentimiento vital y termina despidiendo unos venenos que resultan letales para el cuerpo social.

Pero a observadores de la agudeza de Maquiavelo y Nietzsche no podía pasarles por alto —y con esto se perfila un primer desplazamiento del problema— que con el cristianismo se abría paso una suerte de «realismo de los débiles» que, sirviéndose de otros medios y recurriendo a una lógica retorcida, así y todo es capaz de llegar a soluciones de compromiso con la realidad. Al cristiano se le ha dicho: «Yo os envío como a ovejas en medio de lobos. Sed, pues, prudentes como serpientes y sencillos como palomas» (véase Mateo, 10, 16). Sobre la base de tal precepto, la práctica de la simulación y del disimulo, del secreto y de los *arcana*, tampoco parece ajena al código genético de la ética religiosa. Se ha señalado, por lo demás —precisamente con relación al cristianismo originario—, que la bondad también necesita esconderse, igual que la maldad. De forma análoga a lo que sucede en el ámbito del realismo político con la doctrina de los *arcana*, el cristianismo «tiene que operar en la sombra, ya que el hecho de que los cristianos sean vistos y oídos produce ineluctablemente ese fulgor y esa apariencia cuyo resultado es que cualquier santidad se transforme de inmediato, se mire como se mire, en hipocresía»[13].

Pero el cristianismo es asimismo una matriz del realismo político en virtud de la concepción defectiva del «hombre en el mundo» de la que es representante. Con dicha concepción se relaciona, en efecto, esa visión negativa del Estado

---

Madrid 2011; ed. original: *Der Antichrist. Fluch auf das Christentum*, Druck und Verlag von C. G. Naumann, Leipzig 1894].
13. Véase H. Arendt, *Che cos'è la politica?*, *op. cit.*, p. 48.

según la cual el cometido esencial del poder consiste en «poner remedio a la naturaleza malvada del hombre»; de ahí que el Estado se vea sobre todo en «su aspecto represivo»[14]. En época moderna, el pensamiento político posrevolucionario conferiría a esta doctrina un nuevo énfasis. Joseph de Maistre se muestra perentorio:

Dado que el mal existe sobre la tierra, actúa constantemente y, en virtud de una consecuencia necesaria, ha de ser reprimido mediante la punición —y efectivamente vemos, por toda la faz de la tierra, una acción constante de todos los Gobiernos para detener o castigar cualquier atentado del crimen—, la espada de la justicia no tiene vaina: debe constantemente amenazar o golpear[15].

Y de tales palabras diríase que se hace eco Schopenhauer: «La necesidad del Estado se basa en la *iniquidad* reconocida que caracteriza al género humano»[16]. Fue a partir de estas convergencias como agarró en el léxico común la ecuación —en rigor inadecuada y reductiva— de pensamiento reaccionario y realismo político.

Es sin embargo Agustín de Hipona el autor que, por muchas razones, nos permite entender mejor la matriz cristiana

14. Véase N. Bobbio, *La teoria delle forme di governo nella storia del pensiero politico*, Giappichelli, Turín 1976, p. 60.
15. J. de Maistre, *Le serate di Pietroburgo*, Rusconi, Milán 1986, p. 35 [hay trad. cast. de Nicolás Malo, *Las veladas de San Petersburgo. Coloquios sobre el gobierno temporal de la providencia*, Desván de Hanta, Barcelona 2016; ed. original: *Les Soirées de Saint-Pétersbourg ou Entretiens sur le gouvernement temporel de la Providence*, ed. póstuma de Rodolphe de Maistre, J. B. Pélagaud, Lyon/París 1821].
16. Véase A. Schopenhauer, *Parerga e paralipomena*, Adelphi, Milán 1983, II, p. 318 [hay trad. cast. de Pilar López de Santa María, *Parerga y paralipómena*, Trotta, Madrid 2006 y 2009, 2 vols.; ed. original: *Parerga und Paralipomena. Kleine philosophische Schriften*, A. W. Hayn, Berlín 1851].

del realismo político, cuya íntima ambivalencia él pone de manifiesto: «Si se les quita la justicia, ¿en qué quedan los reinos, sino en grandes bandolerismos? Las partidas de bandoleros, de hecho, ¿qué otra cosa son, sino pequeños reinos? Son cuadrillas de hombres mandados por un jefe, vinculados por un pacto social y que se reparten el botín conforme a una ley aceptada por todos»[17]. Este célebre pasaje contiene, como se ha dicho en incontables ocasiones, el paradigma de una concepción *adiáfora*[18] o no valorativa del Estado, esto es, una definición tendente a identificar los elementos estructurales o técnico-organizativos del mismo —la estructura jerárquica, un pacto de unión y sumisión, una regla para la partición del botín— y a poner el acento precisamente en el componente de la organización de la fuerza[19]. Anticipa, si se quiere, esa definición de Estado weberiana o kelseniana que, basada en el medio específico empleado, sigue condicionando nuestro modo de entender la política. Y anticipa, sobre todo, esas doctrinas «antipolíticas» —piénsese en el marxismo y en el anarquismo— que en el Estado no ven sino «violencia legalizada».

Históricamente, sin embargo, la importancia de la tesis de Agustín de Hipona es muy distinta. El pasaje citado se presta, en efecto, a dos interpretaciones posibles: ora en el sentido de una irremediable amoralidad del poder —por virtud de la cual no puede haber sino una diferencia cuantitativa entre un Estado y una banda de ladrones—, ora en el sentido de

---

17. Véase Agustín de Hipona, *La Città di Dio*, IV, 4, Einaudi, Turín 1992, p. 147 [hay trad. cast. *e.g.* de Rosa María Marina Sáez, *La ciudad de Dios*, reed. en Gredos, Barcelona 2022 y 2023, 3 vols.].
18. En griego, literalmente «indistinta» o «indiferente». *(N. del T)*.
19. Véase A. Passerin d'Entrèves, *Dottrina dello Stato, op. cit.,* p. 36.

que el poder puede ser redimido si se deja «evangelizar» por la justicia. La primera lectura está en la base de la doctrina luterana de la irreductibilidad de los dos reinos (para Lutero, la autoridad secular es necesaria para domar a la «bestia» que, desencadenada, volvería imposible la convivencia de los cristianos)[20]. La segunda interpretación posible se traduce en los intentos de conciliar el mundo humano y la ciudad de Dios mediante la construcción de un Estado fundado en el ideal de la justicia. La transformación del cristianismo que lleva a cabo Agustín de Hipona desemboca, así, en la institución de una política cristiana como «medio para lograr un fin superior»; revoluciona la lógica del poder, toda vez que «el motivo para asumir la pesada carga de lo político» no es ya «el temor, sino el amor al prójimo»[21].

Justo por eso, sin embargo, la construcción de esa política cristiana sigue lastrada por una ambigüedad fundamental; pues la Iglesia, para alcanzar su objetivo, debe en cualquier caso adoptar la lógica del poder. El realismo político renace, en la Edad Moderna, como respuesta a la crisis de la *política eclesiástica* y como reacción a las escatologías de los movimientos evangélicos. Esto lo ejemplifica bien la reflexión de Maquiavelo, la cual se desarrolla entre los polos de la realidad de la curia romana por un lado, y la visión apocalíptica de Savonarola por otro. Hay dos vertientes, en efecto, en la crítica que Maquiavelo hace de las consecuencias corruptoras de la religión cristiana, religión que por una parte vuelve a los hombres débiles —incapaces de oponer resistencia al

---

20. Véase M. Lutero, «La autoridad civil», en *id.*, *Obras reunidas 3. Cartas. Charlas de sobremesa*, ed. de Gabriel Tomás, Trotta, Madrid 2023, pp. 499 y ss.
21. Véase H. Arendt, *Che cos'è la politica?, op. cit.*, p. 50.

mal—, y por otra parte, ejerciendo a través de la Iglesia un poder temporal, es agente de corrupción. Posteriormente, con la Contrarreforma, quedarían de manifiesto todas las paradojas y anomalías de un gobierno temporal puesto al servicio de la religión cristiana... y la razón de Estado sabría aprovechar la situación, identificando la tremenda función civilizadora de la religión.

Es frecuente oír que, con Maquiavelo, la tradición política occidental descubrió lo «demoníaco del poder». Si por «demoníaco» se entiende «poseído por esa voluntad sin la cual no cabe ninguna gran creación de poder»[22], parece difícil negar que eso ya lo conoció el mundo antiguo (especialmente con Tucídides). Si lo demoníaco incluye, sin embargo, el componente de la inmoralidad, entonces está claro que tal concepto presupone la concepción cristiana de la caída y el pecado[23]. «Nunca [...] lo demoníaco del poder fue combatido con tanta energía» como por parte del ordenamiento social cristiano. Así y todo, la oposición del cristianismo no hizo sino aguzar más todavía las facciones del realismo; en modo alguno dejó a este fuera de juego[24]. A lo sumo, precisamente en el curso de tal batalla daba comienzo la secularización de la política. En la tentativa maquiaveliana de

22. Véase G. Ritter, *Il volto demoniaco del potere*, Il Mulino, Bolonia 1958, p. 13 [ed. original: *Machtstaat und Utopie. Vom Streit um die Dämonie der Macht seit Macchiavelli und Morus*, Oldenbourg, Múnich 1940; ed. reelaborada: *Die Dämonie der Macht. Betrachtungen über Geschichte und Wesen des Machtproblems im politischen Denken der Neuzeit*, Hannsmann, Stuttgart 1947].

23. Véase B. Croce, *Etica e politica*, Laterza, Roma/Bari 1967, p. 204 [hay trad. cast. en *id.*, *Ética y política, seguidas de la Contribución a la crítica de mí mismo*, Imán, Buenos Aires 1952]: «Pero no cabe duda de que el pensamiento cristiano, en el que tanta parte tiene la investigación de la conciencia moral, al afinar dicha conciencia estaba preparando la desavenencia que tenía que estallar».

24. Véase G. Ritter, *Il volto demoniaco del potere, op. cit.*, pp. 24-25.

situar la política en el punto de encuentro entre lo humano y lo ferino, se advierte el esfuerzo —perfectamente identificado por Croce— de sustraerla a la dicotomía, más terrible, lo divino frente a lo demoníaco[25]. La tesis de un Maquiavelo «diabólico» sería solo la caricatura polémica esbozada por los perdedores de la secularización.

En el presente trabajo no cabe una reflexión filosófica sobre el problema del mal. Baste recordar que, en la tradición cristiana, el mal presenta un doble significado: se puede entender (objetivamente) como una carencia, como una privación de existencia, de ser —como una nada—, o bien (subjetivamente) como un acto de voluntad que viola un orden normativo: las leyes divinas. Pues bien: con Maquiavelo, ambas nociones se extrapolan al fenómeno del poder. Dado, en efecto, que de la plenitud e integridad del poder se desprende la efectividad del orden —y dado que del orden se desprende la validez concreta de las normas—, el mal real se identifica con la puesta en peligro del poder y del orden. Se establece, por tanto, una jerarquía entre la privación de poder y la violación de las normas jurídicas y morales. Maquiavelo vuelve del revés la jerarquía tradicional de ser y apariencia, en primer lugar, cuando afirma la conveniencia de no ser, sino parecer bueno; en segundo lugar, cuando pone tal precepto al servicio de una política que se quiere oponer no a la apariencia fenoménica del mal —la violación ocasional de esta o aquella norma jurídica—, sino a su sustancia, esto es, a la pérdida del poder y a la consiguiente ausencia de orden normativo, o sea, del principio mismo de efectividad de las normas. En el marco de una política secularizada, el

25. Véase B. Croce, *Etica e política, op. cit.,* p. 206.

Príncipe sustituye a Dios como sujeto capaz de reconocer la diferencia entre ser y parecer.

4. Realismo político y modernidad

Igualmente compleja es la relación entre el realismo político y el mundo moderno. Del mismo modo que, en el ámbito de la filosofía, la modernidad se caracteriza por la duda radical sobre la existencia de las cosas —o por el principio cartesiano de que objeto del conocimiento es tan solo la idea—, en el ámbito político se introduce, con la modernidad, la idea de la soberanía humana sobre la historia, la idea de lo artificial del Estado y del carácter infinitamente dúctil de las relaciones de poder. La Edad Moderna es la época del constructivismo, de la fe en una razón capaz de rediseñar el mundo humano conforme a un plan unitario; pero es también la época en la que esa razón desmesurada choca con las «duras réplicas» de la historia (Hegel), y en la cual (más allá de Hegel) la realidad y la razón terminan deshaciendo su alianza. Hannah Arendt sintetizó bien esta paradoja de la modernidad cuando escribió que «la filosofía política de la Edad Moderna, cuyo mayor representante sigue siendo Hobbes, da en el escollo de un racionalismo moderno irreal y de un realismo moderno irracional»[26].

Es innegable, en efecto, que la modernidad política se inaugura precisamente con el desafío del postulado primero del realismo: la tesis de una desigualdad humana constitutiva. El contractualismo parte, con sus ficciones sobre un

---

26. Véase H. Arendt, *Vita activa, op. cit.,* p. 322.

«estado de naturaleza», del postulado opuesto y llega a una concepción de la política igualmente opuesta, considerándola no una actividad estratégica orientada a la supervivencia del colectivo —y pertrechada, por tanto, principalmente para la guerra—, sino una praxis encaminada a la convivencia de los individuos y dirigida, por consiguiente, a la organización de la paz[27]. Pero el horizonte de la modernidad no se limita al paradigma contractualista: en la Edad Moderna encontramos —y no solo entre los nostálgicos del orden «orgánico» de épocas pasadas— las máximas expresiones del realismo político, como evidencian por ejemplo las grandiosas concepciones de la historia de Hegel, Marx o Weber. Es importante entender, sin embargo, que tales concepciones maduraron al término de un largo camino durante el cual al realismo también se le presentaron los retos más radicales.

Con la Edad Moderna se consuma la fractura entre naturaleza e historia. La confianza maquiaveliana en que es posible deducir de la historia reglas prácticas generales no tarda en entrar en crisis, sustituida por la nueva fe en la ciencia. Para el racionalismo del siglo XVII, puede haber ciencia o bien de la naturaleza, o bien del artificio. Únicamente cabe, por tanto, fundar una ciencia política —como evidencia el programa filosófico de Hobbes— si el Estado se concibe como una máquina artificial, pensada y hecha por el hombre y sustraída, como tal, a la contingencia histórica. Pero esa negación de la historia está al servicio, paradójicamente, de un proyecto de civilización. La bestia y el hombre —que, como hace un momento recordábamos, en Maquiavelo estaban

---

27. Para esta contraposición véase M. Bovero, «Etica e politica tra machiavellismo e kantismo», en *Teoria politica*, IV, 2 (1988), pp. 43-63, pp. 55 y ss.

todavía indisociablemente conectadas de cara a definir las lógicas específicas de la política– vuelven a aparecer contrapuestos. Ahora se trata de relegar lo ferino a un *prius* lógico e histórico –es decir: al mencionado «estado de naturaleza»–, reconociendo en el Estado el lugar de la pacificación, el derecho y la civilización[28].

Por muy problemático que pueda parecer cualquier análisis basado en nítidos contrastes entre grandes épocas, esta oposición nos permite evidenciar mejor los elementos del realismo, la persistencia y la transformación de tales elementos, el sentido del desafío que la modernidad les plantea. Hemos visto que el paradigma originario surgió con Tucídides en torno a (I) una concepción secularizada de la historia –centrada en las categorías de la necesidad, el azar y los factores humanos–, (II) una antropología naturalista y pesimista, (III) una concepción conflictualista de la política, y (IV) una teoría de las regularidades de la dinámica de poder. La modernidad, por el contrario, trabaja para desbaratar tales asunciones (I) estableciendo la primacía de la voluntad humana sobre el curso de la historia y redimensionando factores como la necesidad y la fortuna, (II) adoptando una perspectiva teleológica que incluye la perfectibilidad humana y rompe, por tanto, con la premisa de un tiempo histórico cíclico, (III) postulando el proceso de civilización como una neutralización progresiva de la hostilidad y la violencia, y (IV) privilegiando, sobre la dinámica autónoma del poder y de la guerra, las lógicas del derecho y de la economía.

---

28. Véase L. Strauss, *Diritto naturale e storia*, Il Melangolo, Génova 1990, pp. 190 y ss. [hay trad. cast. de Ángeles Leiva Morales y Rita Da Costa García, *Derecho natural e historia*, Círculo de Lectores, Barcelona 2000; ed. original: *Naturrecht und Geschichte*, Koehler, Stuttgart 1956].

(i) La filosofía moderna de la historia efectúa un doble desplazamiento conceptual. Afirmando la primacía del hombre sobre la historia, pretende dejar fuera de juego el elemento de la contingencia. Y, situando dicha primacía del hombre en la razón, también somete la necesidad a los imperativos de lo humano. No es, en efecto, la Virtud de los humanistas lo que pone en jaque a la Fortuna, sino una Razón que se objetiviza por una parte en la técnica y, por otra, en las instituciones, convirtiéndose con ello en una fuerza social irresistible. Como después mostraría de manera grandiosa la filosofía hegeliana de la historia, la razón moderna alimenta la presunción de domesticar la necesidad, de imponer a esta sus propios objetivos y convertirse, ella misma, en una fuerza vinculante. Por otra parte, de los tres factores a los que Tucídides atribuía la marcha de la historia —el miedo, la honra y la utilidad—, es el tercero el que toma la delantera en la moderna concepción economicista del mundo, según la cual el comercio está destinado a dejar obsoleta la guerra y, la sociedad industrial, a sustituir a la sociedad militar.

(ii) No menos notable es la transformación a la que el proyecto filosófico de la modernidad somete a la antropología. En la filosofía moderna —en polémica con la radicalización de las guerras civiles confesionales—, la imagen del hombre se seculariza: recibe la enseñanza de Maquiavelo, pero al mismo tiempo la libera de sus presupuestos moralistas. Las modernas anatomías de las pasiones apuestan por una secularización de la antropología. Para Hobbes las pasiones no son, en efecto, sino «especificaciones del apetito y de la repulsión» (véase el *De homine*, XII, 1). Retomando el testigo tanto de Maquiavelo, como de Hobbes, Spinoza polemiza contra los filósofos que «consideran a los hombres no como son, sino como querrían que fueran», y concibe «las pasiones no como vicios de la naturaleza humana, sino como propiedades» (véase el *Tractatus politicus*, I, 1 y 4). Pero es sobre todo la nueva antropología de la sociedad mercantil —conforme se esboza concretamente en la filosofía moral escocesa del siglo XVIII— lo que permite llevar a término ese proyecto de secularización. El impulso adquisitivo del hombre halla una contrapartida en la querencia por el intercambio, mientras que la consolidación de una racionalidad utilitarista tiene por efecto colateral la difusión de la creencia en una mutua benevolencia de los hombres.

(III) En la dimensión de lo político, la revolución copernicana que el pensamiento moderno querría hacer valer consiste en el salto desde una idea de política como lucha por la supervivencia (de un colectivo), hacia una idea de orden de la convivencia (de individuos). Para la filosofía moderna, la política deja de ser un saber relativo al dominio y se convierte en una ciencia de las condiciones de posibilidad de la praxis racional. El nexo originario de guerra y política, que en las versiones clásicas del realismo se asumía siempre como un elemento central, ahora se elimina y deja paso a una concepción donde la guerra es cosa —en la línea de Hobbes— de un estadio natural prepolítico, siendo en cambio la existencia política una construcción racional que se identifica con la paz, la concordia y el consenso. Con base en este desplazamiento categorial, en el léxico de la modernidad diríase que la condición política del hombre tiene que ver cada vez menos con la dimensión ferina, y cada vez más con la dimensión discursiva y argumentativa, por lo que el centro de gravedad de la actividad política se traslada, desde el polo de la acción estratégica, al de la acción comunicativa[29].

(IV) Con la Edad Moderna, que de hecho se inaugura con la edificación de máquinas del poder de una complejidad sin precedentes —los Estados—, la política se ve sin embargo obligada a dar un paso atrás frente a otros ámbitos de la vida social. La economía y el derecho aspiran, en efecto, a convertirse en los polos complementarios de la mediación moderna. Las leyes de la política se relativizan, en primer lugar, por la incidencia de las leyes económicas: el intercambio convierte al enemigo en amigo, y el mercado hace que prevalezca, sobre el conflicto, la cooperación; sustrae, además, al arbitrio de los individuos la distribución de la riqueza, con lo que se eliminan —o por lo menos se redimensionan— multitud de motivos de fricción, envidia y resentimiento, pues lo que antes se aparecía como el producto de odiosas desigualdades sociales resulta ahora de una lotería natural y social[30]. Pero la política también se redimensiona por el influjo del derecho: la historia de la política moderna no puede desligarse —como evidencia la historia del constitucionalismo— de la pretensión sistemática de someter el poder a las leyes. El *Machtstaat* (el Estado-potencia) debe prácticamente disolverse en el *Rechtsstaat* (en el Estado de derecho)[31].

29. Lo muestra el surgimiento de teorías —a pesar de sus diferencias— como las de H. Arendt, D. Sternberger o J. Habermas. De este último en particular véase la *Teoría de la acción comunicativa, op. cit.*
30. Véase F. A. von Hayek, *Derecho, legislación y libertad. Una nueva formulación de los principios liberales de la justicia y de la economía política*, Unión Editorial, Madrid 2006.
31. Ejemplifica bien el carácter radical de esta lógica L. Ferrajoli, *La sovranità nel mondo moderno*, Laterza, Roma/Bari 1997.

También el proceso de burocratización comporta una neutralización del elemento político en favor del derecho, en la medida en que supone la prevalencia de una racionalidad impersonal en las relaciones de poder[32].

La contraposición recién esbozada, por más que pueda gozar de un amplio consenso, no representa, con todo, sino una primera clave de lectura del camino de la modernidad. Para cobrar plena conciencia de la complejidad de tal camino, hace falta una interpretación de los clásicos más atenta. Pues la secularización de la antropología no significa el abandono de esa problemática noción de hombre en la que, ya en el ápice de la trayectoria moderna, Schmitt vería un presupuesto ineludible de todo pensamiento político auténtico[33], del mismo modo que Hobbes parte de una crítica de la asunción de un carácter sociable por naturaleza, negando por tanto la existencia de un orden político natural y estableciendo, en cambio, la premisa de que el *bellum omnium contra omnes* del «estado de naturaleza» constituye un desafío ineludible para cualquier filosofía política. Rousseau, por su parte, declara en el preámbulo al libro primero de su *Contrato social* —en la estela claramente de Maquiavelo— que él quiere acometer el estudio del orden político «tomando a los hombres como son y a las leyes como pueden ser». En cuanto a Hegel, el conjunto de su filosofía descansa —como es bien sabido— en la asunción de una identidad de lo real y lo racional. Este autor no se propone, en efecto, «enseñar

32. Aquí debemos remitir, obviamente, a las tesis de M. Weber en *Economia e società, op. cit.*
33. Véase C. Schmitt, «Il concetto di "politico"», en *id., Le categorie del «politico», op. cit.,* pp. 143-155.

al Estado cómo debe ser, sino cómo debe conocerse el universo ético»[34].

También Kant parte de la base del «fuste torcido de la humanidad» —y de que el «estado de naturaleza» constituye un estado injusto—, de donde él infiere que no cabe superar el elemento coercitivo del poder soberano (tampoco en un régimen republicano). En sus ensayos políticos —incluso en un escrito como *La paz perpetua*, que podría antojarse programáticamente utópico—, Kant se propone resolver «el problema de la constitución de un Estado», así como el problema concomitante del ordenamiento jurídico interestatal, y a tal efecto se sirve del «mecanismo de la naturaleza», aduciendo argumentos que también puedan valer para un «pueblo de diablos, con tal de que estén dotados de inteligencia»[35]. El rasgo distintivo de la filosofía política moderna es, sin embargo, su rechazo a deducir de la anatomía realista tanto de los comportamientos humanos, como de los procesos políticos, una doctrina de la prudencia inspirada en las máximas de la llamada «razón de Estado». La idea rectora que guía a dicha filosofía es siempre, si no la necesidad, sí al menos la posibilidad de un «progreso a mejor» en las condiciones de la existencia humana social.

---

34. Véase G. W. F. Hegel, *Lineamenti di filosofia del diritto. Diritto naturale e scienza dello Stato in compendio*, Laterza, Roma/Bari 1991, p. 15 [hay trad. cast. e.g. de Manuel Jiménez Redondo, *Líneas fundamentales de la filosofía del derecho o Compendio de derecho natural y ciencia del Estado (para uso en sus lecciones)*, Ápeiron Ediciones, Madrid 2022; ed. original: *Grundlinien der Philosophie des Rechts oder Naturrecht und Staatswissenschaft im Grundrisse*, Nicolai, Berlín 1821].

35. Véase I. Kant, *Per la pace perpetua, op. cit.* y O. Höffe, *Persino un popolo di diavoli ha bisogno dello Stato*, Giappichelli, Turín 1993, pp. 79 y ss. [ed. original: *Den Staat braucht selbst ein Volk von Teufeln: philosophische Versuche zur Rechts- und Staatsethik*, Reclam, Stuttgart 1988].

La filosofía política moderna va adoptando distintas estrategias para la neutralización del conflicto. Clásicos como Hobbes, Kant o Hegel se distinguen, en efecto, esencialmente por las modalidades con que afrontan el problema de la relación entre orden y conflicto, y en particular por el papel que están dispuestos a atribuir al conflicto en el espacio de la política. Hobbes quiere hacerlo desaparecer del Estado —conservándolo, eso sí, en las relaciones internacionales—, mientras que Kant hace extensivo a este último ámbito el programa de neutralización del conflicto mediante la edificación de una confederación de repúblicas que pueda garantizar un trato pacífico entre las naciones. Hegel intenta resolver la presencia del conflicto en el plano infraestatal a través de un modelo de mayor complejidad institucional, pero reconoce su insuperabilidad en última instancia en el plano de las relaciones entre los Estados, cuyos contenciosos solamente puede dirimir la guerra (de ahí que Hegel represente el momento de síntesis entre filosofía y realismo político). Es un hecho, sin embargo, que, de las filosofías de Hobbes, Kant y Hegel, legiones de epígonos ideológicos han extraído argumentos para pensar la superación del conflicto político y para llegar a una visión de la historia definitivamente pacificada.

Frente a tales epígonos, el realismo reencuentra en la modernidad su razón de ser entablando una crucial batalla contra las ideologías[36]. Y en esa batalla, sus armas siguen siendo las de la historiografía tucididea, es decir, los hechos. Porque la hipótesis de una neutralización tecnocrática de la política en

---

36. Sobre la vocación antiideológica del realismo véase N. Bobbio, *Saggi sulla scienza politica in Italia, op. cit.,* pp. XIII y ss.

virtud de la economía ha sido impugnada por el desarrollo histórico. De cara a su proyección en el futuro, la modernidad se concibe a sí misma, en efecto, más bajo el signo de lo posible y de lo virtual que no de lo real: la aceleración de la historia —sobre todo del desarrollo tecnológico— diríase que pone en jaque a la realidad. Esa misma modernidad fracasa, sin embargo, en su intento de emanciparse del realismo como paradigma fundamental del pensamiento político (se trata de un fracaso evidente para cualquiera que examine el arco que va de Hobbes a Schmitt)[37]. La idea de una extinción del Estado —idea que a partir de Fichte y Saint-Simon va calando en el siglo XVIII y va dejando su impronta en las ideologías de la Revolución industrial— se da de bruces con la ineliminable necesidad del poder. Y utópico resultó también el programa con el que el pensamiento moderno perseguía que el poder se disolviera en el derecho. La historia de la modernidad es, en muchos sentidos —desde Lutero, Bacon y Hobbes hasta Hegel y Weber—, la historia de la búsqueda de una posible conjugación de *êthos* y *krátos*: la historia de la búsqueda de una racionalización técnica y de un disciplinamiento moral del poder[38].

A lo largo de la modernidad, el realismo político se convierte, pues, en el laboratorio del desencanto para con las

---

37. Aquí la necesidad y el azar regresan en esa combinación de «coacción al orden» y «contingencia absoluta» a través de la cual está pensada la política moderna; véase C. Galli, *Genealogía de la política. Carl Schmitt y la crisis del pensamiento político moderno*, trad. cast. de Rodrigo Molina-Zavalía, Unipe Editorial Universitaria, Buenos Aires 2018.

38. Véase F. Meinecke, *L'idea della ragion di Stato nella storia moderna*, Sansoni, Florencia 1977 [hay trad. cast. de Felipe González Vicen, *La idea de la razón de estado en la Edad Moderna*, Centro de Estudios Políticos y Constitucionales, Madrid 2014; ed. original: *Die Idee der Staatsräson in der neueren Geschichte*, Druck und Verlag von R. Oldenbourg, Múnich/Berlín 1924].

nuevas «religiones seculares», así como en el embalse en que desaguan cuantas posiciones van en busca de un antídoto contra las utopías y las ideologías. Los entusiastas decepcionados se convierten en grandes realistas: renuncian a alquimias fervorosas en aras de la fría anatomía del pasado. Un ejemplo sería el realismo de los idealistas decepcionados por la Revolución francesa —desde Burke hasta Gentz, Fichte o Hegel—, pero también, un siglo después, la trayectoria política de los elitistas decepcionados por las «promesas incumplidas»[39] de la democracia, el liberalismo y el socialismo. Piense el lector, por dar un caso, en la evolución intelectual de Vilfredo Pareto, campeón del liberalismo en su juventud y crítico luego de las «plutocracias demagógicas»; o en Robert Michels, socialista y demócrata que, habiendo teorizado la llamada «ley de hierro de la oligarquía», terminó apoyando el régimen fascista; o en James Burnham, quien desde la crítica del estalinismo llega a un conservadurismo no exento de componentes apologéticos.

Este regreso del realismo que se verifica en el mundo moderno guarda relación con esas «duras réplicas» de la historia que decíamos y con el desencanto posrevolucionario. Es, en efecto, la experiencia de las revoluciones lo que devuelve su fuerza al realismo una vez que han perdido su vigor las «alcinescas seducciones» iusnaturalistas de la igualdad, la libertad y la fraternidad[40]. Las revoluciones que habían de llevar a efecto el bien en la historia resultaron ser, en la práctica, unas terribles comadronas del mal. «Si en algo debe osten-

---

39. Véase N. Bobbio, *Il futuro della democrazia*, Einaudi, Turín 1991, pp. 3 y ss. [hay trad. cast. de Juan Moreno, *El futuro de la democracia*, Planeta-Agostini, Barcelona 1992].
40. El «alcinescas» remite al personaje de Alcina (véase la epopeya caballeresca de Ludovico Ariosto *Orlando furioso*). *(N. del T).*

tarse una parquedad parsimoniosa», escribe Edmund Burke en sus *Reflexiones sobre la Revolución francesa*, «es en la producción voluntaria de mal»[41]. Tras las promesas de justicia, lo que se hace efectivo es el terror. El realismo posrevolucionario se convierte, en respuesta a tales excesos, en un conservadurismo y en un pensamiento reaccionario cuya matriz antipolítica cristiana se salda con un virulento antimodernismo. A partir del punto de inflexión del Terror jacobino, las guerras y las revoluciones se le antojarán, a dicho realismo, epifanías de lo demoníaco de la modernidad. El sueño de emanciparse del poder del hombre sobre el hombre acabará transformado en la pesadilla del dominio totalitario[42].

Para la modernidad, la revolución es —igual que para Tucídides la guerra— un «maestro violento». Las revoluciones modernas, especialmente la francesa y la bolchevique, al cabo resultan ser grandes escuelas de realismo de las que han bebido generaciones de estudiosos del poder y de la ideología. Dichas revoluciones hicieron un intento a gran escala de implantar —justificando cualquier medio en aras del fin— la justicia en lugar del interés, lo ideal en lugar de lo necesario. Pero el realismo también ha sido una gran escuela para los revolucionarios, porque les ha enseñado a reconocer la naturaleza conflictual de las relaciones sociales y el papel que la violencia desempeña en la historia como partera de lo nuevo. En una galería de retratos de antepasados,

---

41. Véase E. Burke, *Scritti politici*, Utet, Turín 1963, p. 464 [en trad. cast. véase *id.*, *Reflexiones sobre la Revolución francesa*, trad. de Esteban Pujals, Ediciones Rialp, Madrid 2020; ed. original: *Reflections on the Revolution in France*, James Dodsley, Londres 1790].
42. Véase J. Talmon, *Los orígenes de la democracia totalitaria*, trad. cast. de Manuel Cardenal Iracheta, Aguilar, Ciudad de México 1956.

tanto a Marx como a Lenin les corresponde, así las cosas, un puesto de primer rango en el realismo político. Diríase, de hecho, que en la obra y en la actuación de estas figuras logran reconciliarse ambos componentes de esa línea de pensamiento —el teórico y el práctico—, porque la identificación de las motivaciones estructurales de la historia se combina con una praxeología que se modela de manera oportunista según las situaciones. Pero se trata de una reconciliación más aparente que real, ya que la autonomía de la sociedad y la genealogía histórica están al servicio de un plan utópico cuya viabilidad las modalidades de la praxis terminan sistemáticamente impugnando.

Ética y política

1. Lo útil y lo justo

Ya hemos visto que una primera dificultad de cara a trazar un perfil del realismo político como orientación teórica y práctica unitaria debe atribuirse a la multiplicidad de sus referentes polémicos. Al realismo podemos encontrarlo contrapuesto —y en toda una serie de planos— lo mismo al idealismo que al moralismo, al normativismo, al utopismo, al anarquismo, al liberalismo, al pacifismo o al cosmopolitismo. Pero, si en el lenguaje filosófico la contraposición dominante es entre realismo e idealismo, en el lenguaje político el realismo se opone al moralismo, para el cual lo real (es decir: lo que es) resulta siempre inadecuado a lo ideal y a la norma (es decir. a lo que debe ser). Una neta contraposición entre moralistas y realistas se perfila ya en el pensamiento político de la Antigüedad —tanto en China, como en Grecia— en torno al siglo IV a. C. Lo que distingue a ambas escuelas es algo bastante simple (al menos en apariencia): cuando hay una discrepancia entre la justicia y la utilidad —cosa que ocurre por norma en cualquier conflicto—, los moralistas asumen la primera como criterio de acción y, los realistas, la segunda.

Con el famoso diálogo de los melios, Tucídides ofreció una representación sin par de este conflicto[1]. El diálogo entre. los melios y los atenienses que encontramos en la *Historia de la Guerra del Peloponeso* es, en efecto, un diálogo donde está en juego la «salvación», la supervivencia de una ciudad neutral a la que la potencia imperialista que es Atenas le exige abiertamente sumisión (véase § v, 88). Los atenienses se dejan de rodeos y conminan a sus interlocutores a abandonar el registro argumentativo de la justicia —de lo *díkaion*— para adoptar en su lugar el del interés, el de lo *sýmphoron* (véase § v, 90). Y en esa línea, los melios tratan de convencer a sus antagonistas de que la utilidad reside, también para ellos, en el «bien común»; les recomiendan la moderación en el ejercicio del poder, en previsión de un futuro cambio en las relaciones de fuerza. Pero los atenienses replican brutalmente estableciendo los términos de su ultimátum: Melos debe someterse para conjurar la destrucción; debe renunciar a la libertad a cambio de la salvación. Los melios no tendrían que hacerse ilusiones: los lacedemonios —de quienes ellos esperan auxilio— actúan con base en la misma lógica de la

---

1. Dicha representación sigue siendo discutida, todavía hoy, en la apertura de numerosas obras de ética y política internacional; véase por ejemplo M. Walzer, *Guerre giuste e ingiuste*, Liguori, Nápoles 1990, pp. 18 y ss. [hay trad. cast. de Tomás Fernández Aúz y Beatriz Eguibar, *Guerras justas e injustas. Un razonamiento moral con ejemplos históricos*, Paidós Ibérica, Barcelona 2001; ed. original: *Just and Unjust Wars: A Moral Argument with Historical Illustrations*, Basic Books, Nueva York 1977].

fuerza que los atenienses y consideran «justo aquello que representa su interés» (véase § v, 105). El desarrollo del diálogo deja clarísimo que la seguridad, la utilidad y la honra –las tres motivaciones que Tucídides identifica para explicar las actuaciones de las polis–, en realidad no son sino las tres máscaras con las que se presenta el poder.

Un aspecto de este diálogo es, por tanto, la radical devaluación de cualquier consideración relativa a la justicia. Desde un punto de vista estratégico, la exigencia de justicia no es sino una ideología al servicio de un actor débil. Pero tampoco los atenienses renuncian a justificar su planteamiento imperialista con un argumento de tipo naturalista, a saber, que la ley de la fuerza no puede reducirse a un mero abuso, sino que se inscribe en la naturaleza y lleva el visto bueno de los dioses. El más fuerte manda por necesidad natural, afirman los atenienses. «Nosotros no hemos establecido esta ley, ni la hemos aplicado los primeros; ya existía cuando la recibimos, y habremos de dejarla como legado a la posteridad. Y sabemos que también vosotros, y cualquier otro, de llegar a estar en la misma situación de poder que nosotros, haríais lo mismo» (véase de nuevo § v, 105). De este modo el realismo se configura, apelando al criterio de la utilidad, como una ideología del carácter natural del poder.

A lo que el análisis tucidideo lleva, es al argumento que Platón pondrá luego en boca de Trasímaco en *La república*: que la justicia es aquello que conviene al más fuerte, a quien es superior (en una relación de fuerza)[2]. A tal planteamiento

2. Véase Platón, *La república*, 338c [hay trad. cast. *e.g.* de José Manuel Pabón y Manuel Fernández-Galiano, reed. en Alianza Editorial, Madrid 2013]. En la Edad Moderna *cf.* por lo menos B. Pascal, *Pensieri*, Einaudi, Turín 1962, n. 310, p. 136 [hay trad. cast. *e.g.* de Xavier Zubiri, *Pensamientos*, reed. en

el personaje de Sócrates opondrá, como es sabido, su convencimiento de que únicamente la persecución de lo que resulta útil para el colectivo constituye tanto una expresión de la justicia, como un factor de estabilización del poder y del orden políticos. Sobre la base de esta consideración, sin embargo, al diálogo de los melios se le puede aplicar una clave de lectura distinta, la cual consistiría en contraponer, en lugar de lo útil y lo justo, dos maneras diferentes de entender lo útil. En el diálogo que Tucídides refiere, la perspectiva de los melios no puede atribuirse, en efecto, concretamente cuando sugieren a sus interlocutores que es útil no destruir el bien común —véase la *Historia de la Guerra del Peloponeso*, v, 90—, a una forma ingenua de moralismo, sino más bien a una variante moderada de ese mismo radicalismo que los atenienses ostentan con la ilusoria jactancia de quien se siente invencible. Para los realistas la justicia nunca es, de todas formas, un valor intrínseco o una virtud autónoma, sino el encubrimiento ideológico de aquello que resulta útil al más fuerte, o bien el «desarrollo del sentimiento propio de quien se siente ofendido»[3], es decir, la reivindicación de una «honra». No se trata de nada auténtico u originario, sino de algo retorcido y derivado.

Alianza Editorial, Madrid 2015; ed. original: *Pensées de M. Pascal sur la religion et sur quelques autres sujets, qui ont esté trouvées après sa mort parmy ses papiers*, Guillaume Desprez, París 1670]: «No habiéndose podido hacer de modo que, lo que es justo, sea fuerte, se ha hecho de manera que, lo que es fuerte, sea justo».

3. Véase F. Nietzsche, *Genealogia della morale. Uno scritto polemico*, Adelphi, Milán 1984, p. 62 [hay trad. cast. *e.g.* de Andrés Sánchez Pascual, *La genealogía de la moral*, reed. en Alianza Editorial, Madrid 2011; ed. original: *Zur Genealogie der Moral. Eine Streitschrift*, Verlag von C. G. Naumann, Leipzig 1887].

2.   La política de los fuertes y la ética de los débiles

El planteamiento de Trasímaco se ha convertido, en la filosofía occidental, en el *tópos* alrededor del cual se ha concentrado el mayor número de críticas contra el realismo político (y el mencionado sofista ha pasado a ser, con razón, un símbolo de la amoralidad o inmoralidad del poder). Pero la postura de Trasímaco ejemplifica, igual que la de Calicles —por no salir de los diálogos platónicos—, únicamente la variante *radical* del realismo político. En su núcleo normativo, afirma que la injusticia es preferible a la justicia y, la tiranía, el ideal supremo de la vida. Tal realismo es, en realidad, un «hiperrealismo» que termina autoconfutándose: elevado a la categoría de consigna de cara a la acción, lleva a la guerra de todos contra todos y no a la estabilización del poder. Sócrates logra hacer ver con facilidad, contra su antagonista, que la vida del tirano, dominada por el miedo, no puede considerarse un paradigma de vida feliz; hace ver, sobre todo, que la injusticia va en detrimento de las posibilidades de actuar, toda vez que al tirano le pasa exactamente igual que a cualquier otro sujeto político: que no puede actuar él solo, sino que depende del concurso de otros (véase Platón, *La república*, 352a). La acción política solo es posible sobre la base de la mutua confianza y con un esquema, por tanto, de cooperación equitativa (aun entre unos pocos en perjuicio de todos los demás).

En el mismo diálogo platónico encontramos, sin embargo, también una variante de realismo *moderada*: la de Glaucón. En el libro segundo de *La república*, Glaucón presenta, en efecto, una tesis distinta de la que previamente ha esbozado

Trasímaco. Él plantea que existe una postura intermedia entre cometer impunemente injusticias (el sumo bien para el realista radical) y padecerlas sin tomarse venganza (el sumo mal).

> Dicen que el cometer injusticia es por naturaleza un bien, y el sufrirla, un mal. Pero como es mayor el mal que recibe el que la padece que el bien que recibe quien la comete, una vez que los hombres comenzaron a cometer y sufrir injusticias y a probar las consecuencias de estos actos, decidieron los que no tenían poder para evitar los perjuicios ni para lograr las ventajas que lo mejor era establecer mutuos convenios con el fin de no cometer ni padecer injusticias. (*La república*, 358e-359a).

También esta postura es fruto —como la de Trasímaco y a diferencia de la de Sócrates— de la adopción del punto de vista del actor, aunque aquí el actor no sea el fuerte, sino el débil. La justicia se presenta, en efecto, como el resultado de una impotencia y de un temor; más concretamente, como el resultado directo de la «incapacidad de cometer injusticias» y como el resultado indirecto del miedo a un castigo[4]. Merece la pena señalar que la función de las leyes y de las instituciones se basa precisamente en ese planteamiento: a pesar de la desenvoltura de las formulaciones de *El príncipe* —que recibieron el aplauso de Nietzsche—, el Maquiavelo republicano de los *Discursos* también representa esta variante cuando argumenta que el pueblo quiere ser gobernado por la ley. Si para el realismo radical las instituciones y el Estado

---

4. Tal es también el planteamiento de Calicles en Platón, *Gorgias*, 483b [hay trad. cast. *e.g.* de Francisco Javier Martínez García, reed. —junto con el *Protágoras* y la «Carta séptima»— en Alianza Editorial, Madrid 2015]: «Yo creo que, quienes establecieron las leyes, fueron los hombres débiles y la masa».

no son sino opresión organizada en favor del opresor, para la versión moderada las instituciones son, antes bien, instrumentos correctivos y compensatorios de la injusticia y de la violencia sociales endémicas.

Estas dos variantes del realismo se relacionan, en un plano más concreto, con dos modos diferentes de entender el poder político. Para la variante radical, este es ni más ni menos que el poder del más fuerte, o sea, el poder que se caracteriza por el doble requisito de la coactividad y la exclusividad; para la variante moderada, el poder político es, por el contrario, un poder que, tras afianzarse en los asociados el convencimiento sobre la exclusividad efectiva de su mando —es decir: la creencia weberiana en la legitimidad de su monopolio coercitivo—, se ha constituido como un orden legal, con lo que a los requisitos de la coactividad y la exclusividad se les ha añadido un tercero que es, precisamente, el de la legalidad[5].

Por más que la tesis de Glaucón se considere —y con motivo— una prefiguración de la hipótesis contractualista, conviene no perder de vista las razones de su convergencia con el realismo. Que la confianza, el consenso y el acuerdo son otros tantos ingredientes indispensables de la política, eso el realismo no lo puede negar. Lo cual no implica, sin embargo, que el realista tenga que adoptar la perspectiva contractualista. El realista ve muy claro, en efecto, por una parte que detrás de todo acuerdo hay una prueba de fuerza con la que ya se han designado los vencedores y los vencidos (igual que a todo tratado de paz subyace una relación de fuerzas que ha sido conformada por la guerra); por otra parte, que tal acuerdo nunca

5. Véase M. Bovero, «La natura della politica. Potere, forza, legittimità», en *Teoria politica*, XIII, 3 (1997), pp. 3-15, p. 10.

es un pacto universalista entre individuos libres e iguales, sino un pacto entre unos pocos que se estipula recurriendo a la ficción de la representación y renunciando solo parcialmente a la capacidad que se tiene de cometer injusticias[6]. La genialidad de la operación que Hobbes lleva a cabo en los albores del contractualismo moderno consistirá en la universalización de los términos del pacto incluso desde la premisa de una antropología pesimista. Pero cualquiera puede ver que su realismo se estrella contra el artificio del pacto.

Sobre la base de esta variante débil del amoralismo sofístico —partiendo, por tanto, de la hipótesis de que el orden político tiene su génesis en la «incapacidad de cometer injusticias»—, el realismo fue estableciendo, a lo largo de los siglos, una precaria convivencia con la tradición contractualista. La escasa plausibilidad de la tesis radical trasimaquea no quita, sin embargo, que, en épocas de graves conmociones y desorden endémico, el modelo «fuerte» se preste mejor que ningún otro a la reconstrucción de la realidad e indique, de hecho, la estrategia vencedora de cara a la maximización del poder (siempre y cuando la fortuna se muestre propicia, porque todos los realistas convienen en que no hay estrategia que funcione como no tenga de su lado a la fortuna).

3. La autonomía de la política

El tema de la discrepancia entre política y moral puede considerarse, bien mirado, el tema recurrente del realismo político. Las acciones humanas están dominadas por el objetivo

---

6. Sobre este extremo discrepo, en cambio, del planteamiento de M. Bovero en «La natura della politica...», *op. cit.*, p. 8.

de la utilidad, no por el de la justicia; pero cuando asumen como objetivo la justicia, terminan generando conflictos y resultando contraproducentes. Una actuación rígidamente inspirada en valores morales suele ser una actuación socialmente nociva. Los enfoques de Hirschman al señalar las patologías de lo que él califica de «retórica de la intransigencia», son perfectamente asimilables a planteamientos realistas. Una actuación que apunte a la justicia presenta el riesgo de la futilidad, de los efectos perversos y de los peligros[7]. En el mundo económico y político, las acciones inspiradas en consideraciones morales pueden o bien resultar completamente irrelevantes, o bien producir efectos que no se perseguían (por ejemplo la fuga de capitales de resultas de medidas encaminadas a introducir una mayor equidad fiscal); pueden incluso provocar una auténtica catástrofe del orden político. *Fiat iustitia, pereat mundus.*

En la base del realismo hay una concepción de la autonomía de la política. Eso significa, literalmente, que la política tiene sus leyes —en las cuales no conviene interferir— y que existe un reparto de tareas entre por una parte la ética o la moral, y por otra parte la política. La ética atañe a la esfera privada y a la relación del hombre con la trascendencia; la política tiene que ver con la dimensión estratégica de las relaciones de interés y poder. La esfera de la política es «la esfera de acciones instrumentales que, como tales, no deben juzgarse en sí

---

7. Véase A. Hirschman, *La retórica reaccionaria. Perversidad, futilidad y riesgo*, trad. cast. de Teresita de Vedia, Clave Intelectual, Madrid 2020 [hay trad. cast. también de Tomás Segovia, *Retóricas de la intransigencia*, reed. en Fondo de Cultura Económica, Ciudad de México 2004; ed. original: *The Rhetoric of Reaction: Perversity, Futility, Jeopardy*, The Belknap Press of Harvard University Press, Cambridge (Massachusetts) 1991].

mismas, sino con base en su idoneidad de cara a la consecución de su objetivo»[8]. Dada esta premisa, resulta inevitable que el realismo también termine adoptando una concepción instrumental de la ética pública: no es muy dado a detenerse en la cuestión de la legitimidad y la pertinencia de las razones aducidas por quien se posiciona respecto a un asunto de relevancia política, sino que ve en las normas, antes bien, un mero intento de racionalizar el hecho de que se adopte determinada postura, y de que en virtud de un interés vital dado se afirme: «Esta es mi posición y no puedo tener otra».

En el marco de esta asunción común —pero genérica— sobre la autonomía de la política, podemos por supuesto identificar posiciones distintas sobre la relación entre política y moral, diferenciando unas tesis que, por simplificar, llamaremos de la *amoralidad*, de la *inmoralidad* y de la *eticidad* de la política. Tales tesis se han asociado a menudo —forzando un poco las cosas— respectivamente a los nombres de Tucídides, Maquiavelo y Hegel. Pero lo forzado de tal asociación, acaso sea en realidad inaceptable: semejante clasificación presupone, en efecto, una interpretación reductiva del pensamiento de los tres autores mencionados, cuya postura sobre el tema es mucho menos nítida y rigurosa —exceptuando a Hegel— de cuanto en aras de la exposición didáctica cabría desear. Aquí el énfasis no va en la atribución de esta o aquella afirmación a este o a aquel autor, sino en la exposición de un mapa elemental de las relaciones posibles entre ética y política[9].

8. Véase N. Bobbio, «Etica e politica», en *id.*, *Elementi di politica*, Einaudi Scuola, Milán 1998, p. 66.
9. Para un monumental tratamiento del problema véase V. Hösle, *Moral und Politik. Grundlagen einer politischen Ethik für das 21. Jahrhundert*, Beck, Múnich 1997.

(1) La primera tesis es la de la *amoralidad de la política*. El planteamiento es que la política, que es un conjunto de prácticas, no tiene nada que ver con la moral, que es un ámbito regulado por normas distintas, y valorables según un criterio de juicio distinto (Gerhard Ritter habla al respecto de un «amoralismo simplista»).[10] Ya en el mundo antiguo encontramos un ejemplo paradigmático de esto en Tucídides; pero también a Maquiavelo se le ha adscrito —como efectivamente cabe hacer— a la misma posición, ya que él considera que el criterio para valorar las acciones políticas es el éxito: «Haga, pues, un príncipe por vencer y por conservar el Estado; los medios serán siempre tenidos por honrosos, y de todos loados» (véase *El príncipe*, XVIII). Y en otro paso dice que, «donde se delibera a lo grande sobre la salvación de la patria, no cabe consideración ni de lo justo, ni de lo injusto; ni de lo piadoso, ni de lo cruel; ni de lo digno de loor, ni de lo ignominioso» (véanse los *Discursos*, III, 41). Del imperativo de la preservación del Estado, este amoralismo político infiere, en efecto, la legitimidad de quebrantar valores inferiores allá donde estén en juego valores superiores.

Del reconocimiento de la heterogeneidad habida entre el comportamiento de los individuos y el de los grupos, el realismo extrae la conclusión de que las normas de la moral no son adecuadas para contrarrestar las dinámicas del poder. Ante las potencialidades corruptoras de este, la instancia ordenadora de la moral no puede sino ser débil. Como

10. Véase G. Ritter, *Il volto demoniaco del potere, op. cit.*, p. 39: «No cabe hablar, sin embargo, de inmoralismo, habida cuenta de que a nuestro florentino en absoluto se le escapa lo que en sus discursos hay de moralmente peligroso». En Maquiavelo, por otra parte, Ritter constata también una «fe idealista en el poder como principio ordenador y constructor» (véase *ibid.*, p. 41).

plantea Reinhold Niebuhr, «no es posible encontrar antídotos morales lo bastante potentes como para destruir los efectos deletéreos que el veneno del poder tiene en el carácter de las personas»[11]. En cuanto al derecho, por sí mismo tampoco está en condiciones de hacer frente a las fuerzas de la historia y de la naturaleza humana. Así y todo, en manos del arte política puede convertirse —como señala Schopenhauer— en un instrumento menos refractario y, sobre todo, menos volátil que la moral: «El derecho, en sí mismo, es impotente; quien por naturaleza domina, es la violencia. El problema del arte política consiste en lograr que la violencia se ponga de parte del derecho, de modo que el derecho pueda dominar a través de ella»[12]. El positivismo jurídico es, antes que nada, una ideología tendente a consolidar esa trasposición de la violencia al derecho que debe producirse en cualquier proceso de constitución de un orden.

(II) La segunda tesis es la de la *inmoralidad de la política*. Presupone el conflicto entre la tradición cristiana y el mundo político. Puede servir para ilustrar esta postura otro paso de Schopenhauer. Partiendo de la interpretación habitual del pensamiento de Maquiavelo, el filósofo puede deducir un principio general: «Mientras que entre los individuos —y en la moral y en la teoría del derecho que a ellos se refiere— rige el principio *Quod tibi fieri non vis, alteri ne feceris*, en-

---

11. Véase R. Niebuhr, *Uomo morale e società immorale*, Jaca Book, Milán 1968, p. 23 [trad esp.: *El hombre moral y la sociedad inmoral. Un estudio sobre ética y política*, Siglo Veinte, Buenos Aires 1966; ed. original: *Moral Man and Immoral Society: A Study of Ethics and Politics*, Charles Scribner's Sons, Nueva York 1932].
12. Véase A. Schopenhauer, *Parerga e paralipomena, op. cit.*, vol. II, p. 329.

tre los pueblos y en política rige el principio inverso: *Quod tibi fieri non vis, alteri tu feceris*[13]. En esta subversión de la regla de oro encuentra una eficaz formulación la tesis de la inmoralidad del realismo político. Es, en efecto, contraponiéndose a la ética de la compasión, de la caridad, de la fraternidad y de la solidaridad como el realismo desarrolla su postura.

A decir verdad, sin embargo, la cuestión no puede reducirse a una oposición tan perentoria. En los autores de la tradición cristiana, los límites entre esta postura y la precedente suelen ser más bien difusos. El núcleo de la concepción política de Maquiavelo y Guicciardini, así como la idea —esta sí, común a ambos— de que en política no es dado hacer nada bueno si no se cuenta con el apoyo del mal, a menudo se han interpretado en estos términos de inmoralismo abierto y declarado. En el *Diálogo sobre el gobierno de Florencia* —pocos años posterior al *Príncipe* maquiaveliano—, Francesco Guicciardini, introduciendo la noción de «razón de los Estados» (*ragione degli Stati*), afirma lo siguiente para defender la necesidad de usar medios extremos —por ejemplo la ejecución de prisioneros de guerra— en una guerra contra «enemigos obstinadísimos» como eran los pisanos para los florentinos:

Y si os dijera que, procediendo así, se cobraría fama de crueldad —y de poca conciencia también—, yo os confesaría tanto lo uno, como lo otro; pero os diría, además, que, quien pretenda controlar hoy en día el dominio y los Estados, ese debe recurrir, donde se pueda, a la piedad y la bondad; y, donde no quepa

13. Véase *ibid.*, pp. 320-321.

hacerlo de otra forma, pues tendrá que recurrir a la crueldad y a la poca conciencia[14].

Entre la tesis de la amoralidad y la de la inmoralidad no hay, en efecto, un límite claro. Es más bien el contexto cultural en el que dichas tesis se sitúan lo que decide la naturaleza concreta de las mismas. En un universo caracterizado por un marcado irracionalismo ético y por un «politeísmo de los valores» —tal era el universo, por ejemplo, de la polis griega—, el conflicto entre ética y política —piénsese en el caso de Antígona— no puede sino configurarse como un conflicto entre la tradición y la ley, o entre la eticidad que se expresa en el sentimiento —la piedad— y, frente a ella, el mando del poder soberano[15]. En un universo caracterizado, sin embargo, por un fuerte impulso hacia la racionalización ética, así como por la presencia de una institución —la Iglesia— cuyo objetivo declarado —y perseguido con relativo éxito— consiste en monopolizar el control de las normas morales que disciplinan el comportamiento cotidiano de los individuos —de todos los individuos, no solo de categorías concretas de los mismos—, en semejante universo ese conflicto de la ética con la política está destinado a asumir una virulencia muy otra, generando en los actores la lancinante conciencia de estar moviéndose entre sistemas normativos que se excluyen recíprocamente.

(III) La tercera postura es la de la *eticidad de la política*. Con esta expresión, la idea es insistir en la necesaria

---

14. F. Guicciardini, *Dialogo e Discorsi del reggimento di Firenze*, Laterza, Roma/Bari 1932, p. 161 [hay trad. cast. de Antonio Hermosa Andújar, *Diálogo sobre el gobierno de Florencia*, Akal, Tras Cantos (Madrid) 2017].
15. Véase G. W. F. Hegel, *Lineamenti di filosofia del diritto...*, *op. cit.*, § 166, p. 145.

implicación de ética y política; pero la ética que aquí se asigna al Estado no coincide con la moral privada de los individuos que se confrontan, en su conciencia, con una instancia trascendente. La distinción entre moral pública y privada, entre eticidad y moral, es de algún modo connatural al realismo político, por más que en ocasiones sea asumida casi de forma inconsciente y, con frecuencia, no se problematice de manera adecuada. La superioridad ética de la postura de Creonte frente a la de Antígona reside en que él percibe la obligación de actuar de modo que se maximice el bienestar colectivo de los ciudadanos o de modo que se minimicen —planteado en negativo— los riesgos para la seguridad e incolumidad de estos (de modo, por tanto, que se preserve la paz y se conjure la amenaza de una guerra civil)[16]. Pero la variante «ética» —por así decir— del realismo político aspira a poner de relieve que, para los colectivos humanos —a diferencia de lo que sucede en la lucha natural de la evolución—, el fin de la supervivencia siempre está cualificado de manera ética. La supervivencia de la polis, cuyo fin no es el vivir, sino el «vivir bien» (como dice Aristóteles) o el «vivir libre» (como dice Maquiavelo), es un objetivo complicado.

El Maquiavelo teórico de la virtud republicana —he aquí una prueba más de la fragilidad de las clasificaciones— cae de pleno derecho en esta categoría, pero es la filosofía política de Hegel lo que constituye por naturaleza el paradigma de esta variante del realismo político. Para Hegel no cabe duda, en efecto, de que...

---

16. Véase G. Pontara, *Antígone o Creonte. Etica e politica nell'era atomica*, Editori Riuniti, Roma 1990.

El bienestar de un Estado tiene una justificación totalmente distinta que el bienestar del individuo. Y la sustancia ética –el Estado– tiene su ser real –es decir: su derecho– de manera inmediata en una existencia no abstracta, sino concreta. Y únicamente esa existencia concreta –no uno de los muchos pensamientos universales sostenidos por preceptos morales– puede ser principio de la acción y del comportamiento del Estado[17].

El mandamiento ético supremo es, para el Estado, el deber de autoconservación. Y combatir requiere siempre una moral: las perspectivas de éxito en la lucha por la autoconservación y la autoafirmación son, de hecho, por regla general proporcionales a la intensidad del convencimiento de los actores de que ellos están luchando por la causa «justa». Entre las concepciones conflictualista y ética de la política se da, así, una necesaria implicación.

En esta perspectiva se oculta, por lo demás, una doble paradoja ética. Acciones consideradas criminales –por ejemplo matar– pueden justificarse, y aun exaltarse como heroísmo, en cuantas ocasiones intervenga la legitimación del Estado que ordena a sus ciudadanos marchar armados contra el enemigo. Inversamente, sin embargo, también acciones intrínsecamente morales –por ejemplo el altruismo o la solidaridad– pueden transformarse a nivel colectivo en su contrario, esto es, en una forma de particularismo que viola principios universales de humanidad o de derecho. Reinhold Niebuhr –por dar un caso–, en *El hombre moral y la sociedad inmoral* habla de la «paradoja ética del patriotismo»: «La paradoja reside en que el patriotismo transforma el altruismo personal en egoísmo

---

17. G. W. F. Hegel, *Lineamenti di filosofia del diritto...*, op. cit., § 337, pp. 263-264.

nacional»[18]. Los grupos son necesariamente más egoístas que los individuos; pero en la óptica del realismo, ese límite de la moral del grupo queda compensado por su mayor racionalidad.

4. Ética de la responsabilidad

Una vez establecido que el realismo tampoco puede reducirse a una concepción meramente técnica de la política y del Estado —y que necesariamente lleva aparejada algún tipo de doctrina ética—, se trata de examinar el carácter específico de dicha ética. El punto de partida para tal reflexión lo proporciona Max Weber, quien, como es sabido, abordó este problema en su famosa conferencia titulada «La política como profesión», introduciendo la distinción entre *Gesinnungsethik* (la ética de la intención o de la convicción) y *Verantwortungsethik* (la ética de la responsabilidad). En esta distinción vuelve a aparecer la contraposición entre la ética del cristianismo y la de una política secularizada. En la ética del cristianismo importa, en efecto, la pureza de la intención, con independencia de los resultados que luego se desprendan de la acción. La máxima de que «El cristiano obra con justicia y pone el resultado en manos de Dios» expresa a la perfección este enfoque. En la ética de una política secularizada importan, por el contrario, precisamente los resultados de la acción. De ahí que el político deba siempre «responder de las consecuencias (previsibles) de sus actos»[19].

---

18. Véase R. Niebuhr, *Uomo morale e società immorale, op. cit.,* p. 70.
19. Véase M. Weber, «La politica come professione» (= «Politik als Beruf», conferencia pronunciada en 1919), en *id.*, *Il lavoro intellettuale come professione,*

Vuelve a ser la variante moderada del realismo político la que se plantea con seriedad el problema de la relación entre ética y política, tomando partido por la ética de la responsabilidad. El realismo muestra que sabe ir más allá de las apariencias también en el caso de las valoraciones éticas, pues, si una actuación dictada por buenas intenciones presenta a primera vista un carácter más auténticamente moral que una actuación utilitarista basada en el cálculo de las consecuencias, en lo concreto de los acontecimientos históricos se verifica lo contrario.

> No hay en el mundo ética capaz de prescindir del hecho de que la consecución de fines «buenos» va acompañada, en la mayoría de los casos, del uso de medios sospechosos o, cuando menos, peligrosos, así como de la posibilidad de que concurran otras consecuencias negativas. Tampoco hay ética capaz de determinar cuándo, ni en qué medida, el objetivo moralmente bueno «justifica» los medios y las otras consecuencias moralmente peligrosas[20].

El convencimiento absoluto de que se está llamado por la historia a realizar el bien y la justicia en la tierra, con frecuencia ha inducido a los sujetos revolucionarios más diversos a hacer suyos los métodos de las más inhumanas tiranías. Concretamente, cuando la política se pone al servicio de valores absolutos, el «idealismo» de los fines puede rápidamente

---

Einaudi, Turín 1976, p. 109 [en trad. cast. véase *id.*, *La política como profesión* y *La ciencia como profesión*, eds., ambos vols., de Joaquín Abellán para Biblioteca Nueva, Madrid 2021 y 2020, respectivamente].
20. Véase *ibid.*, p. 110. Sobre lo inseparable de los fines y los medios véase G. Pontara, *Se il fine giustifichi i mezzi*, Il Mulino, Bolonia 1974, pp. 54-59.

convertirse —como acredita el ejemplo de todas las revoluciones— en un «hiperrealismo» de los medios[21].

Para el realismo político es igual de cierto que el fin justifica los medios y que los medios contaminan el fin. Este
doble condicionamiento está en la base de la dinámica específica de entropía moral que caracteriza las grandes esce-
nas trágicas del drama histórico. El problema, sin embargo, no puede reducirse simplemente a la cualidad moral de
los medios empleados. El problema de la decisión política
se complica también por el hecho de que, igual que ocurre
en más ámbitos de la vida, son los medios mismos los que
entran en conflicto unos con otros. Pero quien actúa con
base en la ética de la intención no soporta «el irracionalismo ético del mundo». El político, por el contrario, debe
saber convivir con eso, reconociendo que los grupos y los
individuos tienen conceptos distintos del valor y del bien,
y que de tal politeísmo de los valores emanan las hostilida-
des más radicales.

No se puede ignorar, naturalmente, que esta contraposición entre el punto de vista de la intención y el punto
de vista de las consecuencias ha sido en varias ocasiones
objeto de discusión en el ámbito de la filosofía. Quien la
sometió al análisis más riguroso, fue Hegel: «El principio:
en las acciones, no tener en cuenta las consecuencias. Y lo
otro: juzgar las acciones por las consecuencias, y que ellas
den la medida de qué es justo y bueno. Ambas cosas son
igualmente intelecto abstracto»[22]. El extremo del realismo

---

21. Véase M. Bovero, «Gramsci e il realismo politico», *op. cit.,* p. 57; véase
también G. Pontara, *Se il fine giustifichi i mezzi, op. cit.,* pp. 214 y ss.
22. Véase G. W. F. Hegel, *Lineamenti di filosofia del diritto..., op. cit.,* p. 102.

político consiste —a modo especular respecto del extremo del moralismo político— en asumir unilateralmente la perspectiva de las consecuencias. Pero, si bien no cabe duda de que —como precisamente la filosofía hegeliana muestra— tal unilateralidad puede ser superada desde el punto de vista especulativo —de hecho solo puede serlo en el marco de una concepción que piense la eticidad de la política y por tanto afirme, en definitiva, la superioridad moral de dicha eticidad—, desde el punto de vista práctico, sin embargo, el realista hará bien siempre en objetar que el principio consecuencialista no conoce alternativas válidas.

La distinción entre ética de la responsabilidad y ética de la intención es, así, la última palabra del realismo político. No se trata, sin embargo, de una palabra conclusiva (no resuelve las aporías de lo político). Hay, con todo, un punto que los verdaderos realistas —desde Tucídides hasta Weber— consideran inamovible: el de la necesidad de disciplinar la pasión del poder, conjurando el riesgo de que dicha pasión se transforme en activismo estéril. El realismo nunca es —en ninguna de sus manifestaciones éticas— una religión del poder, sino una «dietética de la fuerza»[23]. El instinto de fuerza, de poderío, es la primera de las cualidades normales del político; pero con igual normalidad puede degenerar en un vano agitarse para el cual «no existe ningún "ser" que subyazca al hacer, al actuar, al devenir»[24]. La vanidad es el sentido subjetivo que se regocija con la *pertenencia* al poder, perdiendo de vista el hecho de que el mantenimiento de este

---

23. Véase H. Münkler, *Im Namen des Staates. Die Begründung der Staatsraison in der Frühen Neuzeit*, *op. cit.*, pp. 21-76.
24. Véase F. Nietzsche, *Genealogia della morale. Uno scritto polémico*, *op. cit.*, p. 34.

es penuria y deber, disciplina y sacrificio. Y, así, el político comete un pecado mortal cuando, «por falta de una causa, corre el riesgo de trocar, en sus aspiraciones, la prestigiosa apariencia del poder por el poder real; igual que cuando, por falta de responsabilidad, corre el riesgo de gozar del poder simplemente por amor a la posición de fuerza, sin dar a esta un fin por contenido»[25]. Para esa culpa, el tribunal de la historia no conoce absolución.

25. Véase M. Weber, «La politica come professione», *op. cit.,* p. 103.

Paradigma y variaciones

El paradigma tucidideo

1. La historia desencantada

Es posible, por tanto, identificar un paradigma mínimo del realismo político al cual reconducir concepciones antiguas y modernas de la acción humana en la historia. La asunción de que la política constituye un ámbito autónomo de la actividad humana y debe concebirse como una lucha que tiene como objetivo el poder y, como medio, la fuerza, es, en efecto, común a épocas y sociedades distintas. Dado que la peculiaridad del realismo occidental está en su concepción de la historia —conforme tal concepción surgió ya en el mundo griego—, para acercarse a su núcleo es necesario partir, precisamente, de la consideración de la historia. Porque el realismo político es, en primer lugar, una derivación del pensamiento histórico la cual se pone ante los ojos a grandes entes colectivos —no simplemente a individuos— que operan con base en lógicas naturales en contextos cambiantes. Esta comprensión del mundo histórico-político, en la cual reside la primera característica del realismo, presupone un proceso de desencantamiento y objetivización del mundo humano[1]. La historia es obra de los hombres, no de los dioses: ya solo el hecho de que los injustos prevalezcan sobre los justos, evidencia tanto el desinterés de los dioses por los asuntos humanos, como que las lógicas que rigen tales asuntos son otras[2].

Analizando la obra de Tucídides, no es complicado identificar —como arriba anticipábamos— los componentes fundamentales del realismo: una visión desencantada de la historia; una antropología elemental, pero depurada de creencias mitológicas, y una concepción de la política y de la dinámica de poder. Pero estos elementos de alcance universal surgen casi por sí mismos —sin aparente esfuerzo de elaboración reflexiva— de la narración de un caso particular. ¿Cuál es, en efecto, el tema de la obra tucididea? Una guerra. Más concretamente, el mayor conflicto que el mundo de las polis griegas conoció. Sobre el fondo, en efecto, de una trama de acontecimientos militares que abarca varios decenios, van surgiendo unas implicaciones «teóricas» —el destino de una síntesis política de tipo imperial, el desarrollo de una constelación bipolar en el seno del pluriverso político, las repercusiones de tal desarrollo en la política interna, la ineluctabilidad de la dinámica de poder y la autonomización de la misma frente a las intenciones de los actores— y a través de

1. Como observaba S. Mazzarino —en *Il pensiero storico classico*, reed. en Laterza, Roma/Bari 1990, i, p. 301—, «únicamente el intelectualismo griego podía llegar a ese distanciamiento extremo que permite al escritor analizar, con una frialdad casi inhumana, una situación de la que él mismo es actor».
2. Véase M. Untersteiner, *I sofisti*, Bruno Mondadori, Milán 1996, p. 497.

la narración va poniéndose de manifiesto la lógica de la auto-conservación y de la autoafimación de los sujetos colectivos[3]. Porque Tucídides no se limita a narrar: él pretende explicar —y, en cierta medida, también elaborar— esquemas de previsión utilizables en contextos distintos. Su historia es una «historia monumental» en sentido nietzscheano, conforme la necesitan «el activo y el poderoso, el que libra una gran batalla, el que precisa de modelos, maestros y consoladores»[4].

La historia resulta, según Tucídides, de un entrelazamiento de necesidad (*anánke*), casualidad (*týche*) y factores humanos (*anthrópina*). El objeto de la obra no es, naturalmente, ajeno a la identificación de tales elementos. Precisamente en la guerra se manifiestan, en efecto, con especial intensidad los rasgos que el realismo luego generaliza, elevándolos al rango de factores explicativos del conjunto de la dinámica política. En primer lugar la *anánke* (la necesidad); pues necesario es el impulso imperial para quien ha alcanzado determinado nivel de fuerza, necesaria es la represión de los dominadores sobre los dominados y necesaria es la guerra cuando, en una zona geopolítica dominada por una potencia, se asiste al ascenso de otra gran potencia[5]. Pocos acon-

---

3. Véase M. Cesa, *Le ragioni della forza. Tucidide e la teoria delle relazioni internazionali*, Il Mulino, Bolonia 1994 [hay trad. cast. de Manuel Cuesta, *Las razones de la fuerza. Tucídides y la teoría de las relaciones internacionales*, Alianza Editorial, Madrid 2023], y los trabajos *q.v.* en B. Frankel (ed.), *Roots of Realism*, Frank Cass, Londres 1996, pp. 105-193.

4. Véase F. Nietzsche, *Sull'utilità e il danno della storia per la vita*, Adelphi, Milán 1994, p. 16 [hay trad. cast. de Joan B. Llinares, *De la utilidad y los inconvenientes de la historia para la vida. Segunda consideración intempestiva*, Tecnos, Madrid 2018; ed. original: *Unzeitgemässe Betrachtungen. Zweites Stück: Vom Nutzen und Nachtheil der Historie für das Leben*, E. W. Fritzsch, Leipzig 1874].

5. Véase Tucídides, *Historia de la Guerra del Peloponeso* —trad. cast. de Antonio Guzmán Guerra, reed. en Alianza Editorial, Madrid 2014—, i, 23, 6; *cf.*

tecimientos de la existencia humana ilustran mejor que la guerra la tiranía de la necesidad en el dominio de la contingencia. En la guerra, el hombre no es dueño del curso de la historia, pero tampoco se halla totalmente abandonado al mismo: aquí la subjetividad adquiere sus plenos derechos y da sus pruebas más heroicas; la guerra tiene sus leyes inexorables y, a la vez, es el reino de la casualidad. *Pólemos*, ese «maestro que ama la violencia» (*bíaios didáskalos*), saca a la luz sentimientos y comportamientos extremos que en época de paz quedan latentes en virtud de las oportunidades de la civilización, y ahora envuelven a los hombres en una espiral de peligros. La guerra es partera de *hýbris*, de una violencia que no conoce mesura[6]; pero posee, al mismo tiempo, una dinámica que puede ser objeto de consideración racional. En la guerra el temor (*déos*), la utilidad (*ophelía*) y la honra (*timé*) surgen como motivos de la acción estratégica con una nitidez desconocida en otros ámbitos de la actividad humana[7].

La primera asunción de la concepción tucididea de la historia se refiere a la inmutabilidad de la naturaleza humana. Describiendo las calamidades a que da lugar la guerra civil de Corcira, Tucídides habla de cosas «como las que suceden y sucederán siempre mientras la naturaleza humana siga siendo la misma», por más que lo hagan «cambiando

---

L. Canfora, «Gli storici greci», en L. Firpo (ed)., *Storia delle idee politiche, economiche e sociali*, vol. I, Utet, Turín 1982, pp. 376-377. Sobre este tema véase también P. R. Pouncey, *The Necessities of War. A Study of Thucydides' Pessimism*, Columbia University Press, Nueva York 1980, y M. Ostwald, *'Anánke' in Thucydides*, Scholars Press, Atlanta 1988.

6. Véase M. Cacciari, *Geo-filosofia dell'Europa, op. cit.*, p. 42.

7. Para la concepción tucididea de la historia véase M. Kauppi, «Thucydides: Character and Capabilities», en B. Frankel (ed)., *Roots of Realism, op. cit.*, pp. 142-168.

de aspecto de acuerdo con las alteraciones que se presenten en cada circunstancia» (véase la *Historia de la Guerra del Peloponeso*, III, 82, 2). La segunda asunción tiene que ver con la primacía de lo irracional —o, en cualquier caso, de lo no racional— en el devenir histórico. En la historia rige, según Tucídides, no la astucia de la razón —del logos—, sino la fuerza del deseo (*éros*) y de la esperanza (*elpís*)[8]: «La esperanza y el deseo (éste abriendo el camino y aquélla yendo en pos, pues el primero concibe el plan, mientras la otra le ofrece el favor de la fortuna) suelen causar los más graves daños; y aun siendo cosas que no se ven son más poderosas que los peligros manifiestos» (véase § III, 45, 5). Junto al deseo y a la esperanza, el otro poderoso móvil de la acción histórica es el miedo. La política es, por tanto, un enredo en el que, más que la razón —más que la capacidad humana de cálculo y discernimiento—, cuentan las emociones y las pasiones. La enseñanza preliminar del realismo es, así las cosas, que existen, cómo no, constantes en la motivación de las acciones, pero que algunas de tales constantes son, en cuanto «arracionales», en buena medida imponderables.

La invariabilidad de la naturaleza humana a lo largo de la historia, su carácter irracional y su potencial desestabilizador son igualmente las premisas de la concepción de Maquiavelo, como de múltiples pasajes de este autor se desprende a partir del proemio al libro segundo de sus *Discursos*: «Considero que el mundo siempre ha sido de una misma forma». La necesidad, la fortuna y la virtud constituyen, en un obvio paralelismo con las tesis de Tucídides y de la historiografía

---

8. Véase A. Jaguin, «Tucidide, ovvero: attualità di un inattuale», en *Quaderni di storia* 5 (1977), p. 177.

clásica, las categorías fundamentales de la visión maquiaveliana de la historia. Dichos conceptos sacan a relucir, con
su oposición, la paradoja que socava el mundo de las acciones humanas, un mundo donde los fines se estrellan contra
la legalidad de un orden natural o contra la contingencia
de sucesos que *aparentan* una intencionalidad a la que no
corresponde ningún sujeto identificable[9]. La estructura
teleológica de la acción se ve constantemente desafiada por
unos factores —precisamente la necesidad y la casualidad—
que condicionan negativamente sus posibilidades. Es la experiencia de esa frustración lo que hace que surja en el pensamiento la exigencia de conocer mejor tales factores para
dominarlos y preverlos en la medida de lo posible.

Ni a Tucídides, ni a Maquiavelo, les interesa la elaboración de una antropología filosófica; de ahí que muchas de
sus intuiciones aparezcan formuladas de manera rapsódica
(más todavía lo estarán en las páginas de tantos epígonos de
estos autores). Considerando, sin embargo, este paradigma originario en su desarrollo histórico, no es complicado
ver el vínculo existente entre la necesidad, la contingencia
y los condicionamientos antropológicos, un vínculo por
cuya virtud la necesidad —y la penuria que obliga— dan lugar a la conflictualidad y a la agresividad humana, mientras
que la contingencia y la incertidumbre de las situaciones
generan la volubilidad y la inconstancia. Es la necesidad
—que no conoce ley— quien se interpone ante los buenos

9. Véase R. Bubner, *Geschichtsprozesse und Handlungsnormen*, Suhrkamp,
Frankfurt del Meno 1984 [en trad. cast. véase *id.*, *Acción, historia y orden constitucional. Ensayos de filosofía práctica y una reflexión sobre estética*, trad. de Peter
Storandt Diller, Fondo de Cultura Económica de Argentina, Buenos Aires
2010].

propósitos de los actores racionales, quien hace que el curso de las obras de estos entre en conflicto con la justicia; y es la contingencia quien desvía a los hombres, con sus caprichosos desafíos, de las sendas de la prudencia y la moderación, induciéndolos a dudar de la capacidad de control racional de los acontecimientos y condenándolos a una reactividad instintiva. Únicamente las instituciones —he aquí un primer logro— pueden contribuir a mitigar la necesidad, a estabilizar la incertidumbre y a domar las pulsiones autodestructivas del hombre.

Pero la concepción realista de la historia no pierde ocasión de evidenciar también la debilidad de los valores, de las normas e incluso de los ordenamientos institucionales. Los propósitos e ideales del hombre sucumben, en efecto, a la coacción de la necesidad, mientras que los sistemas normativos chocan con la *hýbris* de la naturaleza humana: «Resulta imposible (y es un ingenuo quien lo piense) que cuando la naturaleza humana aspira decididamente a realizar una empresa, pueda encontrarse algún impedimento, sea en la fuerza de la ley o mediante cualquier otra amenaza, que la haga desistir» (véase la *Historia de la Guerra del Peloponeso*, III, 45, 7). Ante el raudal de la necesidad y la pasión, aun los castigos resultan ser exiguos diques, incapaces de contener la crecida de la violencia. El tiempo de la edificación civil es tan lento, como rápido es el de la destrucción. También en eso se manifiesta —igual que en la preponderancia de las pasiones sobre la razón— la primacía de lo negativo. Únicamente la elaboración de un paradigma de racionalidad estratégica que preste la atención debida a todos estos factores puede constituir, de cara a la acción humana, un dique de contención contra la entropía de la política.

Pero la vulnerabilidad de los planes estratégicos y la fragilidad de las instituciones hacen que la humanidad termine siempre encontrándose otra vez en situaciones que reproducen los conflictos originarios y las cadenas de la escasez. La historicidad de los acontecimientos no excluye, en efecto, su repetición: por debajo de la variación de los actores es posible reconocer una misma «estructura» de los cambios. En el proemio de la *Historia de la Guerra del Peloponeso* (I, 22), Tucídides formula la hipótesis del carácter repetible de los sucesos a modo de corolario de la inmutabilidad de la naturaleza humana. Maquiavelo, por su parte, no se cansa de insistir en el mismo punto: «Porque todas las cosas que han sido, yo creo que pueden ser»[10]. Y, todavía en nuestra época —que ha sido, entre otras cosas, la del historicismo—, podemos leer en Pareto: «Que "la historia no se repite nunca" de manera idéntica es tan cierto como que "siempre se repite" en ciertas partes que podemos calificar de "principales"»[11]. En la pluralidad de los casos históricos, entre los factores que dan vida a una «configuración» hay una suerte de *similitudo dissimilis*.

Esta asunción de una permanencia en la *estructura de los cambios* está en la base de la inclinación de los realistas a ejercer el difícil arte de la comparación histórica sin esas precauciones que ha enseñado el historicismo moderno. Un balance del realismo político, que aquí no puede desarrollarse mediante la reconstrucción de sus diagnósticos históricos, no debería dejar de señalar esta paradoja: que el realismo, nacido de una costilla de la historiografía anti-

---

10. Véase N. Maquiavelo, *Discorsi*, en *id.*, *Opere*, vol. I, Einaudi, Turín 1997, p. 482 [hay trad. cast. *e.g.* de Ana Martínez Arancón, *Discursos sobre la primera década de Tito Livio*, Alianza Editorial, Madrid 2015].

11. Véase V. Pareto, *Trattato di sociologia generale, op. cit.*, § 2 410, vol. II, p. 832.

gua, no tardó en transformarse en una concepción del poder interesada en evidenciar, a través de la comparación, más las uniformidades que las individualidades, terminando así por minimizar las diferencias históricas en beneficio de las constantes antropológicas y de las regularidades de la política. En un incómodo y frágil equilibrio entre la filosofía y la historia, ha dado pruebas, con todo, de saber aprovechar debidamente sus recursos, penetrando donde la filosofía y la historiografía, por sí solas, no habrían estado en condiciones de llegar.

2. Constantes antropológicas

El realismo político nace emancipándose de una concepción mitológica de la historia, pero no de una concepción antropomórfica de la política. El miedo, la honra y la utilidad son para Tucídides, como hemos dicho, los resortes de la política: motivaciones que rigen tanto para los actores individuales, como para los actores colectivos (las polis). El ámbito del discurso sobre el poder se estructura desde la asunción preanalítica de una analogía entre las motivaciones de los individuos y las motivaciones de los Estados. El Estado es, conforme a una metáfora organicista que acabaría traspasando incluso el umbral del racionalismo moderno, un hombre en grande: un *makroánthropos*. De hecho la concepción realista de la política y la antropología pesimista no son disociables[12].

---

12. No ha sido sino ya en el debate contemporáneo —filtrado por la experiencia de las ciencias sociales—, donde se ha planteado la conveniencia de desligar el realismo de sus premisas antropológicas; véase al respecto D. Zolo, *Il principato democratico. Per una teoria realistica della democrazia*, Feltrinelli, Mi-

Pero el antropomorfismo político que subyace al discurso de los realistas no comporta un empobrecimiento de los esquemas analíticos adoptados para explicar acciones individuales y acontecimientos colectivos, ya que el instrumento antropológico resulta, en manos de tales autores, lo bastante dúctil y diferenciado. Y, así, la antropología política del realismo debe reconstruirse en el despliegue que efectúa en tres planos: (I) asunciones relativas a los hombres en general, es decir, a los hombres que están excluidos del poder y sometidos al mismo, pero expuestos al deseo constante de hacerse con él; (II) asunciones relativas a quienes detentan el poder, en cuanto individuos dotados de cualidades, capacidades y recursos específicos, y (III) asunciones que, derivadas del análisis de la acción individual, se adaptan al comportamiento de sujetos colectivos (los Estados). Muchas de las aparentes incongruencias que afectan a los discursos de los escritores políticos desaparecen o se redimensionan si se tienen en cuenta estas distinciones del marco de referencia.

Ya en Tucídides podemos constatar que el análisis antropológico se realiza en diferentes niveles de abstracción y con propósitos distintos: la historia es una arqueología de las acciones que producen acontecimientos, pero de tales acciones se dan motivos declarados —esto es: que entretejen públicamente el discurso del poder y legitiman las reivindicaciones de los actores— y motivos ocultos, disimulados. La primera dimensión tiene que ver con la autopresentación que

lán 1992, p. 60 [hay trad. cast. titulada *Democracia y complejidad. Un enfoque realista*, Nueva Visión, Buenos Aires 1994]. En el paradigma clásico del realismo, sin embargo, tal tesis no puede cobrar carta de naturaleza.

los hombres hacen de sus propias motivaciones en el seno de una interacción de tintes estratégicos; la segunda es producto de una hermenéutica de la sospecha que excava detrás las ideologías autojustificativas. La primera dimensión se sitúa en ese espacio público de las polis en el que se deciden las grandes políticas; la segunda, en el seno de ese Consejo de los Cuatrocientos desde cuyo observatorio Tucídides relata los acontecimientos e «inicia al lector en los *arcana* de la política»[13].

Si la guerra entre potencias que ambicionan la hegemonía constituye el tema originario de la historiografía, el de la reflexión antropológico-política lo constituye la guerra civil. En ella es, en efecto, donde se evidencia la naturaleza del hombre en la dimensión política. En un escrutinio más atento y desmistificador, sin embargo —y eso es lo que aporta el realismo político—, nos percatamos de que los «nombres» de la política esconden realidades más amorfas y camaleónicas, pero sobre todo menos nobles y lineales. Cuando Tucídides pasa a plantearse a la manera de un observador desencantado cómo se comportan los actores en el meollo del conflicto, cambia incluso su código léxico: el lugar de la *timé* —de la honra— lo ocupa la *philotimía*, es decir, la ambición —que es una búsqueda del honor desmesurada—, y el lugar de la *ophelía* —de la utilidad— lo ocupa la *pleonexía*, esto es, la avidez de bienes materiales y la avaricia, que es la raíz antropológica de la injusticia distributiva (véase la *Historia de la Guerra del Peloponeso*, III, 82, 6). Se manifiesta con ello una segunda dimensión de la naturaleza humana —no elaborada

---

13. Véase L. Canfora, *Il mistero Tucidide*, Adelphi, Milán 1999, p. 27 [hay trad. cast. de Javier Cabrero, *El misterio Tucídides*, Alderabán, Madrid 2001].

ni formalizada todavía en los motivos públicos– cuya fuerza se manifiesta en la excepción, en las situaciones de anomia.

Si la apuesta del realismo es la lucha por la supervivencia, el miedo es su emoción fundamental; pues el miedo es un sentimiento indispensable para la supervivencia. El análisis del poder se entrelaza, desde siempre, con la identificación del miedo; el poder más absoluto es, de hecho, aquel que maximiza el miedo (en sentido tanto activo, como pasivo). Como sostiene Platón –véase *La república*, 578a–, el tirano, que concentra el máximo de poder, vive presa del miedo. No solamente gobierna, en efecto, infundiendo miedo, sino que vive atrapado en él: en el miedo al pueblo oprimido –que le odia–, y en el miedo a sus pretorianos, que lo defienden tan solo por razones de conveniencia y siempre están dispuestos a venderse a quien conspire en su contra. Para Hobbes, el orden político se basa en lo que él considera la pasión más poderosa: en el miedo a la muerte como mal supremo. Y si «las sociedades grandes y duraderas tuvieron su origen no en la mutua benevolencia de los hombres, sino en su mutuo temor», la grandeza y duración de tales sociedades también depende de la capacidad del poder para infundir miedo[14].

En Maquiavelo encontramos las mismas motivaciones de la política que ya individuara Tucídides: el secretario de la segunda cancillería de la República de Florencia también entiende que los resortes de la acción política son el miedo, la avaricia y la ambición. Un príncipe –dice Maquia-

---

14. Véase T. Hobbes, *De cive*, i, 2 [hay trad. cast. *e.g.* de Carlos Mellizo Cuadrado, mismo título latino con el subtítulo *Elementos filosóficos sobre el ciudadano*, reed. en Alianza Editorial, Madrid 2016].

velo— se ve incesantemente atormentado por dos miedos: un miedo interior (el miedo al otro como individuo sometido/excluido por el poder), y un miedo exterior (el miedo al otro como extranjero/enemigo). Pero también a los grandes y al pueblo los asalta el miedo a perder los privilegios o la libertad. Y el resultado de todos estos miedos es el frágil equilibrio del recelo en que todo orden político se basa. El precario orden político también es producto, sin embargo, de las múltiples avaricias y ambiciones que agitan la vida social. En la *Historia de Florencia* de Maquiavelo, donde se aborda el tema de la corrupción en las ciudades de Italia, la avaricia y la ambición son elementos que reaparecen obstinadamente como razón profunda de los interminables conflictos y desórdenes.

De aquí nacen esa avaricia que se ve en los ciudadanos y ese apetito no de gloria verdadera, sino de vituperiosas honras, del cual dependen los odios, las enemistades, las discrepancias, las sectas; de las cuales nacen muerte, exilios, aflicciones de buenos, exaltaciones de malvados. Porque los buenos, fiando en su inocencia, no buscan, como sí los malos, quien los defienda y honre en grado sumo; y, así, indefensos y sin honra sucumben. De tal ejemplo nacen el amor a los partidos y el poder de estos. Porque los malos los siguen por avaricia y por ambición y, los buenos, por necesidad. (Maquiavelo, *Historia de Florencia*, III, 5).

La «avaricia» del vocabulario de los humanistas traduce la *pleonexía* griega, mientras que la «ambición» traduce la *philotimía*. Y si la avaricia y la ambición se presentan como los resortes originarios de la acción humana, el odio, la ingratitud, la crueldad, la hipocresía, el engaño y la sospecha son las pasiones derivadas a las que la acción estratégica recurre en la lucha por la supervivencia[15].

Si la política es lucha por la autoconservación y la autoafimación, comporta necesariamente una tendencia a la inestabilidad, una querencia a la superación, al exceso. También este elemento es captado en su raíz antropológica por Maquiavelo en su famosa carta del 10 de agosto de 1513 a Francesco Vettori: «A los hombres, primero les basta con poder defenderse a sí mismos y que no los dominen otros. De eso pasan luego a atacar ellos a otros y a quererlos dominar». En semejante dialéctica va implícita una tendencia natural a abusar del poder. Las instituciones nacen, como ya supo ver Platón, para encontrar un equilibrio entre la voluntad de hacer el mal y la voluntad de no padecerlo. Quien se apodera de las instituciones termina usándolas, sin embargo, con ambición (queriendo dominar a otros, como acabamos de leer en Maquiavelo). Las instituciones no son una respuesta definitiva y universalista —por plantearlo en otros términos— al problema del orden político, no son una respuesta orientada al beneficio de todos los asociados por igual, sino que son una respuesta provisional y parcial, expuesta en todo momento a la instrumentalización por parte de las partes contractuales más fuertes.

También tiene su importancia poner de relieve que el pesimismo antropológico de Maquiavelo no solo reposa en la identificación de *deficiencias morales* —«Porque de los hombres se puede decir esto generalmente: que son ingratos,

---

15. Sobre vicios y pasiones véase S. de Grazia, *Machiavelli all'inferno*, Laterza, Roma/Bari 1990, pp. 95 y ss. [hay trad. cast. de Hernando Valencia Goelkel, *Maquiavelo en el infierno*, Norma, Colombia 1994].

volubles, simuladores y disimuladores, fugitivos frente a los peligros, deseosos de ganancia. Y mientras les haces bien, son todos tuyos, ofreciéndote la sangre, el vestido, la vida y los hijos [...] cuando la necesidad queda lejos; mas cuando esta se presenta, se sublevan» (véase *El príncipe*, XVII)—, sino también en la denuncia de *carencias intelectuales*: «Y en el mundo no hay sino vulgo»[16]. Lo que hace no menos aleatorio y arriesgado el mundo de la política es, en efecto, la imprevisibilidad del comportamiento humano, una imprevisibilidad que es imputable a límites cognitivos como la superficialidad, propiedad consistente en juzgar según las apariencias, en no reflexionar y en infravalorar, por tanto, los peligros: en incurrir en pereza mental y dar por hecho, acordemente, que las cosas siempre van a suceder de las maneras que ya se han verificado. El conservadurismo cognitivo, cuando se combinar con la volubilidad práctica y con el imprudente deseo de innovación, condena al hombre a dar bandazos entre un exceso y un déficit de voluntad de controlar los acontecimientos.

Para ponerse ante los ojos la naturaleza de este conservadurismo cognitivo, nada como recordar otro pasaje de esa

16. También la antropología de Hobbes oscila siempre entre por una parte la denuncia del vicio moral, de esa «voluntad de hacer daño» de la que habla el *De cive, op. cit.*, I, 3-4, y por otra parte la denuncia de una carencia intelectual en la que insiste sobre todo el *Leviatán* [ed. original: *Leviathan or The Matter, Forme and Power of a Commonwealth Ecclesiasticall and Civil*, Andrew Crooke, Londres 1651; hay trad. cast. *e.g.* de Carlos Mellizo Cuadrado, Alianza Editorial, Madrid 2018]; esta última —la carencia intelectual— hace que el necio ponga obstáculos a la necesidad natural al no reconocer que la pasión más poderosa es el miedo a la muerte. (Véase L. Strauss, *Diritto naturale e storia, op. cit.*, p. 216). Precisamente en ese punto cabe identificar la falla originaria del realismo de Hobbes: Maquiavelo se saldría con la suya objetándole que la pasión más poderosa *no* es el miedo a la muerte.

misma carta de Maquiavelo a Francesco Vettori recién citada (la del 10 de agosto de 1513). Dicho pasaje denuncia, en efecto, tanto la incapacidad de prever lo nuevo, lo que es excepcional —o la incapacidad de dar crédito a la posibilidad incluso hipotética de que ocurra—, como la incapacidad de modelar la acción según la «cualidad de los tiempos» (*qualità dei tempi*), adaptándose a las circunstancias: «Un defecto natural de los hombres: primero, querer vivir al día; además, no creer que pueda ser lo que no ha sido; además, considerar a uno siempre del mismo modo»[17]. Aquí Maquiavelo formula ese aspecto de la condición humana que podríamos llamar «el fastidio de la historicidad»: el hombre, condenado a vivir en un mundo que no para de cambiar y que está lleno de peligros, no está preparado, por su constitución, para lo excepcional y tiene dificultades para afrontar el cambio. El carácter defectuoso de la condición humana lanza al hombre a la azarosa aventura de la historia, pero su dotación emocional e intelectual lo hace vulnerable ante los imperativos de la necesidad y ante los caprichos de la contingencia. La tesis de Maquiavelo no peca, sin embargo —como algunos intérpretes plantean—, de excesiva simplificación, porque él no está absolutizando tales limitaciones, sino solo sugiriendo que la política es un ámbito en el que un animal extraordinariamente versátil en su relación con el entorno y con las transformaciones del mismo —tal es el hombre— se enfrenta al jaque de sus capacidades de previsión, respuesta y adaptación[18].

17. N. Maquiavelo, *Lettere, op. cit.,* p. 404.
18. Algo no muy distinto plantearía J. A. Schumpeter en *Capitalismo, socialismo e democrazia*, Etas Kompass, Milán 1967, p. 250 [hay trad. cast. de Roberto Ramos Fontecoba, *Capitalismo, socialismo y democracia*, Página Indómita,

De manera que en Maquiavelo podemos individuar, como en tantos otros escritores políticos de la tradición realista, un doble uso de la antropología: descriptivo (mostrar qué son los hombres) y normativo (sugerir al actor político modalidades de comportamiento prudente). De la maldad de los hombres se desprende la necesidad —y aun la legitimidad— del empleo de la fuerza para atemorizarlos y gobernarlos[19]; pero de su simplicidad y obtusez se desprende la posibilidad de disimular las técnicas del poder, haciendo que las cosas no parezcan lo que son, sino lo que la mayoría desea ver. Conque el juego de la realidad y la apariencia también encuentra su base en la dimensión antropológica.

3. La primacía del conflicto

El reconocimiento del carácter conflictual de la política —en el sentido de la naturaleza irreductible y en última instancia insuperable del conflicto— es un rasgo constitutivo del realismo político. En la *Historia de la Guerra del Peloponeso*, Tucídides muestra que el acontecimiento más importante para acceder a la comprensión del mundo político, al desciframiento de sus lógicas —que no son las lógicas de la religión

Barcelona 2015; ed. original: *Capitalism, Socialism, and Democracy*, Harper & Brothers, Nueva York/Londres 1942]. En Schumpeter la secuencia es: pérdida del sentido de la realidad — menor sentido de la responsabilidad — ausencia de una voluntad efectiva — ausencia de juicio.
19. Análogo es el planteamiento de F. Guicciardini en sus *Ricordi, op. cit.,* p. 60, n. 41: «Si los hombres fueran buenos y prudentes, quien legítimamente estuviera al mando de otros tendría que usar más la delicadeza, que no la severidad. Siendo la mayoría, sin embargo, o bien poco buenos, o bien poco prudentes, hay que basarse más en la severidad. Y quien piense lo contrario, estará engañándose».

o del derecho o del intercambio económico—, es una guerra; y con ello está proporcionándonos no solo la descripción de cómo funciona en lo concreto la lógica polarizadora amigo-enemigo —al reflejarse dicha lógica en el interior de las distintas polis—, sino también el análisis de la configuración interna de las coaliciones, así como del sistema global de los actores políticos, incluyendo las potencias hegemónicas, los aliados, los satélites y los neutrales[20].

La lógica de la polarización que está en la base de tal desarrollo, tiene como implicación adicional la exclusión del tercero. En el relato veterotestamentario del asedio asirio de Jerusalén —véase el Libro de los Reyes, 2, 18, 13-37—, el dignatario militar Rabsaces expone y desmonta las razones de la resistencia de los asediados: (I) la esperanza infundada, (II) la infravaloración de la fuerza militar del otro, (III) la ilusión de poder contar con la ayuda de un tercero —Egipto—, y (IV) la benevolencia divina, es decir, la ayuda de un tercero trascendente. Los mismos argumentos reaparecen —cosa sorprendente, dado lo improbable de que Tucídides conociera este precedente histórico— en el célebre diálogo entre los atenienses y los melios del libro quinto de la *Historia de la Guerra del Peloponeso*. Los melios se oponen a las pretensiones de los atenienses aduciendo básicamente los mismos

20. Para la superposición de los frentes de la guerra por la hegemonía sobre los frentes de la guerra civil, véase Tucídides, *Historia de la Guerra del Peloponeso, op. cit.,* III, 82: «En todas las ciudades, en efecto, aparecieron diferencias entre los jefes del partido popular, favorables a hacer venir a los atenienses, y los oligarcas, que eran prolacedemonios. Y es que en tiempos de paz no tenían pretextos y no osaban llamarlos; pero una vez en guerra, las ocasiones de recurrir a la alianza, con vistas tanto a causar daños al adversario como [a] reforzar al mismo tiempo el propio partido, se brindaban con facilidad en ambas partes a aquellos que deseaban una acción revolucionaria».

argumentos: (I) la esperanza infundada, (II) lo no decisivo de la desproporción de fuerzas, (III) la ayuda espartana y (IV) la benevolencia divina (véase § V, 102-110). Se ha señalado muy oportunamente que se trata de un «diálogo típico, con argumentos típicos»[21]. Y efectivamente se convertirá, tras estos precedentes, en un *tópos* recurrente del realismo político el reconocimiento de la lógica antagónica y coercitiva que domina el mundo (o pluriverso) político, con exclusión de relaciones de tercería neutral o benévola[22].

Pero el reconocimiento del carácter originario del conflicto también es el punto de partida de la filosofía política. En el principio hay *pólemos* («guerra») o, si se considera el interior de la ciudad, *stáseis* («facciones»). Esto queda claramente de relieve en el análisis de la genealogía de la polis que Platón ofrece en *La república* (369b-373e). La ciudad nace cuando cada cual deja de bastarse a sí mismo y se impone la necesidad de una cooperación, pero la ciudad basada en la necesidad recíproca y en la división del trabajo termina por exceder los límites de lo meramente necesario —apunta a la apropiación de tierras y riquezas, a la adquisición ilimitada—, y en esa *hýbris* adquisitiva tienen su origen tanto las facciones, como la guerra. El conflicto interno es, de hecho, genéticamente todo lo que precede a la agresividad de las síntesis políticas y a la guerra. Las ciudades entran en guerra entre ellas, pero también se dividen y se desdoblan en sendas mitades enemigas: la ciudad de los ricos y la de los pobres (véase Platón,

---

21. Véase L. Canfora, *Tucidide e l'impero. La presa di Melo*, Laterza, Roma/Bari 1991, pp. 5 y ss.
22. La devaluación de la neutralidad en la concepción estratégica de Maquiavelo será un documento modélico de este enfoque; véase N. Maquiavelo, *Il príncipe, op. cit.,* XXI, p. 180.

La república, 551d). La estructura militar que se desarrolla con la progresiva división de las tareas tiende a convertirse, así, en un instrumento dirigido a preservar frente a amenazas externas, pero también a imponer el orden interno. El guardián es filósofo y hombre de guerra (*polemikós*) también en el proyecto de saneamiento de la ciudad corrompida, y esa condición de guerrero no solo rige «frente a los enemigos externos y frente a las partes irracionales del alma, sino también, necesariamente, frente a los *malos* de la propia polis [del guardián en cuestión]. Y *kakoí* ("malos") son *la mayoría* de quienes viven en la polis, los cuales constantemente intentan hacer de esta un "producto" suyo»[23].

No son distintas las cosas para Maquiavelo, según el cual están presentes siempre, en cualquier ciudad, «dos humores» que luchan entre ellos. El conflicto entre los poderosos —los «grandes»— y el pueblo es permanente, toda vez que, como leemos en la *Historia de Florencia* (II, 12), «queriendo el pueblo vivir conforme a las leyes, y los poderosos mandar sobre las leyes, no cabe que se entiendan». En el hecho de que los oligarcas quieran disponer a su antojo del ordenamiento jurídico —mientras que tal ordenamiento ha de fungir, según el pueblo, de baluarte defensivo contra el capricho de los poderosos— se refleja el crucial conflicto entre una concepción ética aristocrática que identifica el bien con el interés de unos pocos (el modelo de Trasímaco), y una concepción democrática para la que el bien coincide, en cambio, con el interés de la mayoría (el modelo de Glaucón)[24].

---

23. Véase M. Cacciari, *Geo-filosofia dell'Europa, op. cit.,* p. 33.
24. Véase *supra* el apartado «Entre el arte y la ciencia», en el capítulo «Aproximaciones» (pp. 62 y ss).

Pero en el pensamiento de Maquiavelo impera la conciencia de que la hostilidad recíproca de las síntesis políticas es el hecho fundamental del que debe partir cualquier razonamiento político. A quien vaya en busca de una confirmación de la tesis schmittiana de que el «criterio» para definir lo «político» como ámbito social debe individuarse en la pareja conceptual amigo-enemigo[25], difícilmente quepa señalarle un coto de caza más invitador que la obra de Maquiavelo.

No hay que confundir, de todos modos, el punto de vista realista con una forma ingenua de darwinismo social. Lo que caracteriza a este paradigma es, antes bien, la capacidad de pensar el ámbito de la política en su polaridad intrínseca de lucha «natural» por la supervivencia y, al mismo tiempo, dinámica «artificial» de poder. La distinción entre «dos generaciones de guerras», que Maquiavelo ilustra retomando un célebre paso ciceroniano —véase el *De officiis*, 1, 12— en los *Discursos* (II, 8), está construida sobre la dicotomía «civilizaciones políticas»/«bárbaros invasores», donde el imperialismo de las primeras no está dictado simplemente por el imperialismo biológico de la supervivencia —guerras en las cuales esté en juego, como decía Cicerón, *uter esset, non uter imperaret*[26]— y no se agota con la apropiación territorial, ya que en tal caso se activa un resorte ulterior: el de la expansión de la correspondiente potencia, una expansión sostenida ideológicamente por el sentimiento de que se tiene

---

25. Véase C. Schmitt, «Il concetto di "politico"», en *id.*, *Le categorie del «politico»*, *op. cit.*, p. 108: «La distinción política concreta a la que es posible reconducir las acciones y los motivos políticos, es la distinción entre amigo (*Freund*) y enemigo (*Feind*). Tal distinción ofrece una definición conceptual —esto es: un criterio—, no una definición exhaustiva o una explicación del contenido».
26. O sea: cuál de ambos contendientes siga existiendo, y no cuál imponga su dominio al otro. (*N. del T*).

una misión y, en cualquier caso, por el convencimiento de que se está exportando un orden ético-político superior. Esta elemental tipología maquiaveliana proporciona el marco de referencia dentro del cual se ha venido situando, durante siglos —hasta llegar a las guerras de «limpieza étnica» contemporáneas—, la reflexión sobre las causas de las guerras y sobre la formación de las imágenes persistentes —a través de las más complejas mediaciones culturales— de enemigo. En la base de tal tipología tenemos, en efecto, otra contraposición básica; esta vez, entre las dos razones originarias de la hostilidad, es decir, entre «combatir por necesidad» o bien «por ambición» (véase Maquiavelo, *Discursos*, i, 37).

La hostilidad es, para el realismo —a semejanza del poder—, un hecho natural del universo político, que siempre es un pluriverso. Aparte de que decir «poder» es decir «hostilidad», porque la causa de la hostilidad no es un sentimiento o una intención hostil, sino la mera existencia de una concentración de poder, el cual es «por naturaleza» expansivo y no se puede defender con eficacia salvo fomentando su crecimiento; de ahí que quienquiera que tenga poder se convierta, por eso mismo, en un potencial enemigo.

La unidad política presupone la posibilidad real de un enemigo y, por tanto, otra unidad política coexistente con la primera. Por eso, sobre la tierra, mientras exista un Estado habrá siempre más Estados y no cabe que exista un «Estado» mundial que comprenda toda la tierra y toda la humanidad. El mundo político es un pluriverso, no un universo[27].

27. C. Schmitt, «Il concetto di "politico"», en *id.*, *Le categorie del «politico»*, *op. cit.*, pp. 137-138.

La libertad de elegir los amigos y los enemigos se configura como la forma originaria de la libertad política, y ser reconocido por el enemigo es la forma primera y más efectiva de afirmación de la propia identidad.

Si la política es una lucha por la supervivencia del colectivo, de ello se sigue, a primera vista, la primacía de la política exterior sobre la interior; también que la preocupación dominante de la política exterior no será la paz, sino la guerra. Tal posición se ha mantenido con frecuencia a lo largo de la historia del pensamiento político; pero ha de ser corregida o, por lo menos, concretada. Considerando atentamente el contenido de la obra de los clásicos del paradigma realista —empezando por Tucídides y Maquiavelo—, hay que reconocer que la tesis de una primacía de la política exterior resume de una forma más bien simplista su pensamiento. Entre la política interior y la exterior, la relación es de condicionamiento mutuo en distintos niveles. Lo que caracteriza al realismo es, antes bien, el convencimiento de que entre los ámbitos externo e interno de la política no existe heterogeneidad de lógicas: la política siempre es *pólemos* y, por eso, la guerra está, aun cuando no se recurre a las armas, tan solo disimulada o ritualizada o sublimada, pero igualmente se libra con otros medios, como sugiere la inversión de la célebre fórmula de Clausewitz[28].

---

28. Véase M. Foucault, *Difendere la società. Dalla guerra delle razze al razzismo di stato*, Ponte alle Grazie, Florencia 1990, pp. 27 y ss. [en trad. cast. véase *id.*, *Hay que defender la sociedad. Curso del Collège de France (1975-1976)*, trad. de Horacio Pons, Akal, Tres Cantos (Madrid) 2003; ed. original: *«Il faut défendre la société» (1975-1976)*, Gallimard, París 1997].

4. Dinámicas de poder

El gran tema de la obra tucididea es la dinámica aumentativa del poder y de la fuerza. Hay una necesidad incoercible en tal proceso. La guerra es una consecuencia necesaria del imperio, del mismo modo que el imperio lo es del incremento de las fuerzas materiales. La búsqueda de la seguridad conduce a la hegemonía, y la hegemonía se transmuta en tiranía, la cual a su vez es causa de insubordinaciones e inestabilidad. Evidenciando esta paradoja, Tucídides anticipa lo que en el debate contemporáneo se ha llamado «dilema de la seguridad»: la anarquía que rige en las relaciones entre los Estados, genera un temor recíproco; de ahí que los Estados busquen ser cada vez más poderosos con fines defensivos, lo que da lugar a una reacción análoga por parte del resto de Estados, y así sucesivamente siguiendo una cadena de reacciones recíprocas que alimenta la espiral del rearme y de la inseguridad[29].

El temor, la utilidad y la honra son, para Tucídides —ya lo hemos visto—, las motivaciones de la política internacional. Partiendo de tales factores, no resulta complicado pasar a establecer las características de la dicha política, que puede estar orientada a la seguridad (y por tanto al *equilibrio*), a la acumulación de poder (y por tanto a la *hegemonía*), o bien al *prestigio* (a la competición diplomática)[30]. Pero Tucídides no apunta a la elaboración de una teoría abstracta: a él le interesa, más que

---

29. Véase J. H. Herz, «Idealist Internationalism and the Security Dilemma», en *World Politics*, 2 (1950), pp. 157-180.
30. Es la tipología que encontramos en el centro de la teoría del patriarca del realismo contemporáneo; véase, en efecto, H. J. Morgenthau, *Politica tra le nazioni..., op. cit.,* pp. 78 y ss.

distinguir las motivaciones de la política de poder, mostrar la conexión de las mismas. La seguridad es el primer factor explicativo del comportamiento de las síntesis políticas. En la medida, sin embargo, en que coincide con la supervivencia del colectivo —entendido este como entidad política autónoma—, no puede reducirse a la mera conservación, sino que implica un esfuerzo hacia la hegemonía, un incremento del poder y la subordinación de otras unidades políticas a la voluntad del colectivo en cuestión[31].

El descubrimiento de esta dinámica desestabilizadora intrínseca es la lección más valiosa de la guerra del Peloponeso para el pensamiento político realista, ya que permite identificar el vínculo existente entre la dinámica imperialista de poder y la fragilidad de las instituciones políticas, instituciones que disciplinan el conflicto interno, pero no aguantan el embate del externo. A estos problemas, el realismo intenta darles una respuesta en términos de moderación estratégica, así como con programas de estabilización institucional tendentes a maximizar la duración de las síntesis políticas. Con razón se ha interpretado la doctrina tucididea como una «dietética del poder»; porque la conciencia de la necesidad de la fuerza, del dominio y del imperialismo es una conciencia trágica, que anhela la intervención de una prudencia moderadora[32]. En Tucídides —pero también en Maquiavelo y en Clausewitz—, el realismo se presenta como una

---

31. Véase M. Cesa, *Le ragioni della forza...*, *op. cit.*, pp. 27 y ss.
32. Sobre el concepto de «dietética del poder» véase J. Vogt, «Dämonie der Macht und Weisheit der Antike», en H. Herter (ed.), *Thukydides*, Wissenschaftliche Buchgesellschaft, Darmstadt 1968, pp. 282-308, y H. Münkler, *Im Namen des Staates. Die Begründung der Staatsraison in der Frühen Neuzeit, op. cit.*, p. 36.

doctrina de la moderación estratégica[33]. Para Clausewitz la guerra tiende, en su esencia, a lo absoluto, pero en su contexto histórico y político prevé elementos de moderación. El realismo parte, desde el punto de vista fenomenológico, del presupuesto estructural de la hostilidad y de la existencia del enemigo. Como filosofía de gobierno, sin embargo, trabaja contra la absolutización de la hostilidad y contra la criminalización del enemigo.

Aunque la totalidad del frente realista coincide en reconocer el carácter central que ha de asignarse al conflicto para entender el orden y el cambio políticos, dentro de esa misma familia de los realistas existen diferencias sobre la valoración del papel del conflicto de cara a la estabilidad de las constituciones. Para Maquiavelo, dado que en toda república confluyen —como antes dijimos— dos humores, «todas las leyes que se hacen en favor de la libertad nacen de la desunión de estos» (véanse los *Discursos*, I, 4), de donde cabe inferir que los efectos del conflicto son positivos, mientras que para Guicciardini es verdad lo contrario: «Encomiar la desunión es como encomiar en un enfermo la enfermedad por la bondad del remedio que se le ha aplicado» (véase Guicciardini, *Considerazioni intorno ai discorsi del Machiavelli sopra la prima deca di Tito Livio*, también aquí I, 4). En esta contraposición se refleja una alteridad de opciones sustancial, y lo cierto

---

33. S. S. Wolin identifica la finalidad del programa de Maquiavelo en «una economía de la violencia, en una ciencia del uso controlado de la fuerza»; véase su *Politica e visione. Continuità e innovazione nel pensiero politico occidentale*, Il Mulino, Bolonia 1996, p. 319 [hay trad. cast. de Ariel Bignami, *Política y perspectiva. Continuidad y cambio en el pensamiento político occidental*, Amorrortu Editores, Buenos Aires 1973; ed. original: *Politics and Vision: Continuity and Innovation in Western Political Thought*, Little, Brown and Company, Boston 1960].

es que tal alteridad atraviesa la historia entera del pensamiento político, donde encontramos autores que localizan el valor político supremo en la libertad, y autores que lo sitúan en el orden, siendo así que, para unos, el conflicto tiene una función positiva (porque genera y preserva la libertad), mientras que para otros tiene una función negativa (porque amenaza el orden)[34]. La primera es la orientación preferida por lo innovadores; la segunda, la que predomina entre los conservadores. Pero unos y otros convergen —si son de verdad realistas— en el reconocimiento de la primacía del conflicto.

Si la lógica de la política es la lógica de la supervivencia del grupo, le cuadra por naturaleza una connotación espacial. La lucha por la supervivencia siempre es, de alguna forma, una lucha por un espacio vital. Los condicionamientos geográficos son intrínsecos, por tanto, al pensamiento político y el realismo es, en su núcleo, geopolítica. A Tucídides no se le escapa, por supuesto, el carácter talasocrático de la hegemonía ateniense. El interés vital de Atenas es, en efecto, el control del mar, sin el cual se verían amenazados el aprovisionamiento de materias primas y el comercio, lo que a su vez constituye la base del sistema de seguridad imperial edificado en el Mediterráneo oriental. La polarización geopolítica entre la potencia terrestre y la potencia marítima —polarización que Tucídides individualiza en la contraposición de Esparta y Atenas— terminaría convirtiéndose en un paradigma para cualquier análisis posterior de sistemas internacionales bipolares[35].

---

34. Véase N. Bobbio, *Thomas Hobbes*, trad. cast. de Manuel Escrivá de Romaní, Paradigma/Plaza & Janés, Barcelona 1991.
35. Véase R. N. Lebow y B. S. Strauss (eds.), *Hegemonic Rivalry. From Thucydides to the Nuclear Age*, Westview, Boulder 1991.

Al realismo político le es intrínseca también una melancólica filosofía de la historia, pues la dinámica de poder está igual de sometida a la ley del incremento, que a la ley de la decadencia. La hegemonía de una potencia está llamada a tener su ocaso, como enseñan Tucídides y Maquiavelo. En la versión maquiaveliana de la teoría antigua de la *anakýklosis*, ni siquiera el ciclo de las formas de gobierno está destinado a repetirse («porque casi ninguna república puede ser de tanta vida, que pueda pasar muchas veces por estas mutaciones y seguir en pie»[36]). Para la moderna teoría económica de las clases sociales —desde Smith hasta Marx—, también el poder de las clases dominantes ha de enfrentarse, con la transformación de los esquemas productivos, al declive, que deja espacio a nuevas fuerzas emergentes. Los teóricos de las élites reformularon, por último, la misma idea en el seno de una rudimentaria teoría del ciclo político. «Las aristocracias», ponía de relieve Pareto en su *Trattato di sociologia generale* (§ 2 053), «no duran. Sean cuales sean las razones, no puede negarse que, pasado cierto tiempo, desaparecen. La historia es un cementerio de aristocracias». Sobre estas uniformidades elementales —el declive de la potencia imperial, la lucha de las clases, la circulación de las élites—, el realismo consolidó sus posiciones en la historiografía y en las ciencias sociales.

---

36. N. Maquiavelo, *Discorsi, op. cit.,* p. 205.

El realismo de la fuerza
y el realismo del fraude

1. Lo humano y lo ferino

Reconocer que el realismo político es un saber que apunta al arte de gobernar constituye una condición necesaria, pero no suficiente, para su definición. Todo pensamiento político puede interpretarse, en efecto, con relación a esa finalidad. Es exclusivo del realismo político, en cambio, que el arte de gobernar se ejerza teniendo en cuenta las servidumbres y los riesgos de un mundo estructuralmente conflictivo; postulando, por tanto, lo que podríamos llamar una primacía de la acción estratégica. Las técnicas empleadas por los gobernantes para controlar a los gobernados son, en principio —más allá de encubrimientos y domesticaciones—, las mismas que se ponen en práctica a fin de contrarrestar la amenaza que para la síntesis política en cuestión suponen enemigos externos. Y, así, en el vocabulario y en la metaforología del realismo político se verifica una contaminación permanente entre la lógica de la guerra y la lógica del gobierno, entre el código de la hostilidad y el de la convivencia.

El universo político es, antes que nada, el ámbito de la violencia y la coerción: no es el logos, sino el *krátos*, quien determina la relación entre los hombres en el ruedo político. La violencia está en el origen no solo de las guerras, sino también de los regímenes políticos —sean estos del tipo que sean—, y proyecta su alargada sombra sobre el destino de las constituciones y sobre el devenir de las generaciones. Históricamente, en el origen de los Estados encontramos un acto de apropiación que comporta violencia: quien tiene recursos y no sabe defenderlos, debe ceder ante quien, empujado a la migración por la escasez —o a la expansión por la voluntad de poder—, tiene energía para combatir y vencer. Y la consolidación de un Estado no consiste sino en una legalización de la violencia: la «partida de bandoleros» agustiniana no se transforma en reino porque cese la violencia, sino «por la consecución de la impunidad»[1]. La apropiación y la violencia también marcan, sin embargo, la dinámica interna de las síntesis políticas: Caín es el fundador de la primera ciudad. También Maquiavelo destaca enfáticamente el hecho de que en el origen de la síntesis política más poderosa de la Antigüedad haya un fratricidio[2].

---

1. Véase Agustín de Hipona, *La Città di Dio, op. cit.,* IV, 4, y *cf.* J. Burckhardt, *Sullo studio della Storia. Lezioni e conferenze (1868-1873),* Einaudi, Turín 1998, p. 48 [en trad. cast. véase quizás *id.*, *Juicios sobre la historia y los historiadores,* trad. de Azucena Galettini, Katz, Buenos Aires/Madrid 2011]: «La violencia siempre es el *prius.* Sobre su origen no cabe perplejidad, puesto que surge por sí sola de la disparidad de las actitudes humanas. Puede ocurrir que el Estado a menudo no sea sino una sistematización de la violencia».
2. Véase P. F. Taboni, *La città di Caino e la città di Prometeo. Una lettura con Leo Strauss,* QuattroVenti, Urbino 1998.

Ahora bien: si efectivamente la violencia está en el origen de los conglomerados políticos, con ello cuadra que hace falta gobernar tales conglomerados. La deriva de la contingencia y la incapacidad de adaptación del hombre en situaciones de incertidumbre significan que solo un orden coercitivo se muestre capaz de dominar, aun si de forma siempre imperfecta y parcial, el curso de la historia. La violencia no se puede proscribir, así las cosas, del ámbito político: se puede solo monopolizar y organizar de manera jurídica. Pero a esta tesis general, con la que todo auténtico pensador político necesariamente convendrá —basta pensar en la génesis del Estado según Thomas Hobbes—, el realista le añade la conciencia de un elemento específico, a saber, que el tránsito desde la *violencia anómica* del estado prepolítico, hasta el *poder legalizado* del Estado, no es un salto tan nítido como un autor contractualista quisiera. Porque el poder se consolida y se estabiliza —este parecería ser el mensaje— a través del derecho, es decir, legalizándose; pero no puede disolverse por completo en el derecho y en la ley sin correr el riesgo de autodestruirse, sino que debe conservar la prerrogativa de operar de manera extrajurídica y extralegal —y, consecuentemente, no solo extramoral—, y hacer uso de tal prerrogativa siempre que sea «necesario». El poder, que ha crecido y se ha estabilizado desde la «partida de bandoleros» inicial, nunca puede renegar definitivamente de sus orígenes, so pena de disolución.

También en este caso es a Maquiavelo a quien debemos acudir para encontrar una exposición fuerte de tal línea argumentativa. Para el autor de *El príncipe* se dan «dos generaciones de guerras: las que se libran con las leyes, y las que se libran con la fuerza» (véase § XVII). Ya esta formulación pone de relieve que el derecho se concibe en términos instrumentales respecto a la lucha elemental por la supervivencia y se subordina, por tanto, a una concepción estratégica que impide reconocerle un valor con independencia de la fuerza. No en vano, el vínculo entre derecho y violencia —entre *díke* y *bía*— es tan antiguo como la historia del pensamiento político. Eso sí: donde la filosofía política clásica apunta a la disociación de lo ferino y lo legal[3], Maquiavelo piensa la complementariedad de ambos elementos: recurre al mito antiguo del centauro Quirón —el preceptor de Aquiles— para ilustrar la idea de que al ejercicio del poder le son inherentes la razón y el instinto, la sensatez y la impulsividad, la legalidad y la violencia. «Lo cual no quiere decir —el tener por preceptor a uno medio bestia y medio hombre— sino que un príncipe debe saber utilizar esas dos naturalezas, porque ninguna de las dos se sostiene sin la otra» (véase *El príncipe*, XVIII).

Huelga aclarar que ambas naturalezas mantienen entre ellas —como también el secretario de la segunda cancillería de la República de Florencia sabe— un litigio permanente. Para resolverlo —o al menos para mitigarlo—, a Maquiavelo se le ofrece la técnica de la disimulación: el carácter ferino del poder, que a efectos intimidatorios y disuasivos resulta

---

3. Véase Platón, *Las leyes*, 874e-875a, aquí *cit.* según *id.*, *Tutti gli scritti*, Rusconi, Milán 1991, p. 1 665 [hay trad. cast. *e.g.* de José Manuel Pabón y Manuel Fernández-Galiano, reed. en Alianza Editorial, Madrid 2014]: «Es necesario que los hombres se doten de leyes y vivan en conformidad con ellas, porque, de lo contrario, en nada se distinguirían de las bestias más feroces, toda vez que la naturaleza humana no está en condiciones, por sí sola, de identificar lo que le hace falta para vivir en sociedad. E incluso si admitiéramos que sí que lo conoce, así y todo no sabría —o a lo mejor no querría— actuar de la manera mejor».

a veces oportuno desplegar abiertísimamente, en condiciones normales debe quedar oculto. Lo cual es posible en la medida en que la «bestia» del poder es más dúctil y tiene, en el fondo, más recursos que su componente humano (es decir, normativo). La naturaleza ferina —esto es: amoral y ajurídica— de la acción política puede atribuirse a una doble dimensión: la de la fuerza y el fraude, el poder y la astucia, el león y el zorro. «Teniendo, pues, necesidad un príncipe de saber usar bien la bestia, debe aprender de estas dos: el zorro y el león. Porque el león no se defiende de las trampas, y el zorro no se defiende de los lobos. Hay, así, que ser zorro para conocer las trampas, y león para estremecer a los lobos» (véase de nuevo Maquiavelo, *El príncipe*, XVIII)[4]. Para Maquiavelo, de hecho, el fraude es, como se explica en los *Discursos* (II, 13), más importante que la fuerza de cara a conquistar el poder y consolidarlo.

De la idea de que hace falta recurrir a la violencia para dirigir las guerras y gobernar los Estados, encontramos ejemplos en todas las grandes narraciones —épicas, trágicas, historiográficas— de las aventuras del poder (ya los poemas homéricos son una representación del papel que la fuerza y la astucia tienen en la lucha por el mando). Dado que el núcleo del realismo político está constituido por una doctrina estratégica, la fuerza coactiva —o, lo que es lo mismo, armada— termina siendo la primera de las preocupaciones de este paradigma. También esto resulta particularmente obvio en la obra de Maquiavelo: «Debe, por tanto, un príncipe no tener

---

4. Sobre esta metáfora véase M. Stolleis, «Il leone e la volpe. Una massima politica del primo assolutismo», en *id.*, *Stato e ragion di stato nella prima età moderna*, Il Mulino, Bolonia 1998, pp. 13-30.

otro objeto ni otro pensamiento, ni tomar cosa ninguna por su arte, fuera de la guerra y las órdenes y la disciplina de la misma; porque ella es la única arte que cuadra a quien manda» (véase *El príncipe*, XIV). De las dos amenazas que se ciernen sobre la seguridad de una síntesis política, la externa es la más terrible y tiene prioridad en la escala de las preocupaciones de quien detenta el poder, porque «siempre estarán en orden las cosas de dentro cuando estén en orden las de fuera» (véase *ibid.*, XIX).

También la cuestión del fraude en cuanto instrumento esencial para la conquista y el mantenimiento del poder está presente en todo el recorrido de la teoría política occidental. Detienne y Vernant pusieron de relieve «la persistencia del tema de la astucia en el fondo de los mitos de soberanía»[5]. En la mitología griega, la conquista del poder por parte de Zeus no puede prescindir de la utilización del *dólos*, que es astucia, trampa y ligazón mágica. Lo cual se simboliza, en la *Teogonía*, con el hecho de que Zeus se case con Metis –la diosa de la astucia– y la fagocite (en la versión esquilea de la teogonía, el papel que Hesíodo asignaba a Metis lo desempeña, en cambio, Prometeo). Desde el episodio de los juegos del canto XXIII de la *Ilíada*, la *mêtis* resulta decisiva para que el uso de la fuerza funcione. Porque la astucia, a diferencia de la fuerza –que únicamente conoce la gradación de la intensidad–, es múltiple y diversa, elástica y adaptable a las situaciones. Ulises es el héroe *polýmetis* por excelencia, versátil tramando

5. Véase M. Detienne y J. P. Vernant, *Le astuzie dell'intelligenza nell'antica Grecia*, Mondadori, Milán 1992, p. 42 [hay trad. cast. de Antonio Piñero, *Las artimañas de la inteligencia. La 'metis' en la Grecia antigua*, Taurus, Madrid 1988; ed. original: *Les ruses de l'intelligence. La mètis des Grecs*, Flammarion, París 1974].

y previniendo engaños. No es casual que a él se deba la estratagema que pone fin al asedio de Troya y que sanciona triunfalmente el ingreso de la astucia en el catálogo de los recursos de la acción estratégica, papel que Clausewitz tampoco dudará en enfatizar cuando, tras reconocer en la valentía la virtud específica de la táctica, declare que la astucia es, «de entre todas las cualidades personales, la más apta para dirigir y animar la actividad estratégica»[6].

2. La «cualidad de los tiempos»

Se ha observado que la historia política presupone la fe en la centralidad de la política y en la cordura que ilumina la acción de esta[7]. Esta cordura es el *juicio político*, la prudencia como razón de la acción estratégica. En términos generales, el realismo es diagnóstico de situaciones conflictivas y educación de cara al juicio en tales situaciones. Dados la volubilidad de la fortuna, la inestabilidad de las relaciones y el oportunismo de los actores, saca su fuerza del hecho de ser «un saber relativo a las circunstancias», un saber en el cual personas específicas deliberan sobre casos específicos[8]. El realismo político, incluso cuando se presenta en el atuendo general de teoría de la acción estratégica, lo es

---

6. Véase C. von Clausewitz, *Della guerra*, Mondadori, Milán 1979, p. 213 [hay trad. cast. de Celer Pawlowsky, *De la guerra*, Tecnos, Madrid 2010; ed. original: *Vom Kriege. Hinterlassenes Werk des Generals Carl von Clausewitz*, Ferdinand Dümmler, Berlín 1832-1834, 3 vols. (ed. póstuma de Marie von Clausewitz)].
7. Véase L. Strauss, *Gerusalemme e Atene..., op. cit.,* pp. 88-89.
8. Véase Aristóteles, *Ética a Nicómaco*, 1141b [hay trad. cast. *e.g.* de José Luis Calvo Martínez, Alianza Editorial, Madrid 2014].

siempre en una dimensión concreta, a modo de doctrina de las cualidades que se ponen al servicio de la decisión en las condiciones del conflicto. Y dichas cualidades tradicionalmente se han identificado con la prudencia y la virtud.

Ya Aristóteles enseña, en efecto, que la *phrónesis*, en la medida en que solo delibera sobre lo contingente, no debe considerarse una ciencia ni, de hecho, un arte —en el sentido de la *téchne*—, toda vez que apunta a la acción, y no a la producción, y en consecuencia se mueve en un medio —el de las relaciones de poder— más fluido que los medios de los que otros saberes se ocupan[9]. Pasada por el filtro de las escuelas filosóficas y de la tradición cristiana, la *phrónesis* a veces ha llegado hasta nosotros idealistamente transfigurada en una sabiduría que parece ya lejana del tumultuoso mundo de los conflictos. En su análisis de la inteligencia práctica, sin embargo, los filósofos clásicos también ponen de relieve dos cualidades, la *anchínoia* y la *eustochía* —respectivamente «agilidad mental» y «mirada certera»—, que pasan a formar parte de la facultad del juicio y evidencian la funcionalidad de esta en situaciones conflictivas. Ambas son cualidades eminentemente estratégicas: la primera sirve para transmitir a la acción la rapidez de la inteligencia; la segunda tiene que ver con la precisión de la puntería[10]. No es casual que encontremos definiciones análogas en la teoría estratégica y en el pensamiento político modernos, desde Clausewitz hasta Weber. Para salir victorioso de la continua lucha contra lo imprevisto, el jefe militar debe poseer, según

9. Huelga aquí la referencia a la interpretación de la praxis que H. Arendt ofrece en *Vita activa, op. cit.*
10. Véase M. Detienne y J. P. Vernant, *Le astuzie dell'intelligenza nell'antica Grecia, op. cit.*, pp. 238-239.

Clausewitz, dos cualidades principales: «Una inteligencia que, incluso en medio de la intensa oscuridad que la rodea, conserve tanto una luz interior suficiente para conducirla a lo verdadero, y como también la valentía de seguir esa débil luz». La primera cualidad es el *coup d'oeil*; la segunda, la resolución[11].

El retrato que Tucídides ofrece de Temístocles en el libro primero de la *Historia de la Guerra del Peloponeso*, puede considerarse el punto de partida de toda una tradición de reflexiones sobre el juicio político:

Sabía mejor que nadie juzgar tras la más breve reflexión sobre la situación presente, y era el que mejor conjeturaba las cosas futuras a larguísima distancia de lo que iba a ocurrir. Cualquier cosa que tuviera entre manos, era capaz de exponerla; y de lo que no había tenido experiencia, no dejaba de formarse una opinión, y preveía extraordinariamente lo que aún estaba indeciso, fuera bueno o malo. (Tucídides, *Historia de la Guerra del Peloponeso*, i, 138, 3).

Desde Tucídides hasta Weber, una y otra vez aparecen como las cualidades con base en las cuales puede reconocerse el talento del auténtico jefe político la mirada certera y la amplitud de miras, el vasto caudal de conocimientos y la fuerza persuasiva, la capacidad de previsión y el sentido de la responsabilidad (el cual bebe, precisamente, de la capacidad de previsión, porque no cabe responsabilidad sin poder causal y sin conocimiento de las consecuencias)[12].

11. Véase C. von Clausewitz, *Della guerra, op. cit.,* p. 61.
12. Véase M. Weber, «La politica come professione», *op. cit.,* pp. 101 y ss.

La combinación de valentía y prudencia —y por tanto la debida dosificación tanto del ataque, como de la defensa— son por regla general los ingredientes más seguros de la acción estratégica. Tucídides hace decir a Arquidamo, en efecto, que «en territorio enemigo siempre hay que ir al combate con espíritu animoso, y en el momento de la acción prepararse como quien tiene miedo, pues así los hombres podrán ser más confiados al atacar a los enemigos, y tendrán mayores garantías en caso de ser atacados» (véase la *Historia de la Guerra del Peloponeso*, II, 5). Pero el realismo también enseña a desconfiar de las recetas acreditadas y a valorar de la manera oportuna las situaciones en que es necesario actuar con determinación e ímpetu. En el gran discurso del libro primero de la *Historia de la Guerra del Peloponeso*, Pericles recuerda a sus conciudadanos la lucha que sus antepasados libraron contra los persas en condiciones de inferioridad, rechazando a los bárbaros «más con el juicio (*gnóme*) que con la fortuna, y con un valor superior a la fuerza que tenían» (véase § I, 144, 4), lo que significó sentar las bases para su posterior grandeza. Se trata de una formulación que anticipa bastante el tema maquiaveliano de la virtud.

En el concepto de virtud se funden los ingredientes fundamentales de la concepción realista de la política. Es virtuoso el político que sabe hacer frente a la necesidad y volver a su favor la suerte, apoderándose de la «ocasión». Y es virtuoso quien sabe neutralizar el temor y perseguir la utilidad y la honra. «Virtud» en Maquiavelo significa, como es sabido, energía y pericia estratégica combinada con capacidad de juicio y firmeza decisoria; pero también astucia situacional, capacidad de aprovechar las ocasiones que la fortuna presenta, dado que «los hombres pueden secundar a la fortuna, y no oponérsele; pueden tejer su urdimbre, y no romperla»[13]. Con esta formulación, el florentino está poniendo de relieve que la virtud, exactamente igual que la prudencia, tiene que adaptarse a los tiempos. Teniendo en cuenta que la política es un camaleón, también el político debe demostrar esa elasticidad y esa prontitud de reacción de las que los hombres suelen carecer.

Es en este punto cuando en el discurso maquiaveliano hace su aparición la categoría de «cualidad de los tiempos». A través de esta noción, Maquiavelo da voz a un doble convencimiento: por una parte, que en tiempos de crisis y corrupción el arte política debe recurrir a prácticas y a principios que, en tiempos normales, no parecerían justificados (y esto es algo de lo que no cabe prescindir para la valoración de la propia obra maquiaveliana); por otra parte —ya en un plan más específico—, que las condiciones ambientales de la acción política pueden cambiar hasta tal punto —incluso en el arco de una única generación—, que se haga necesaria la adopción de estilos y códigos de conducta absolutamente distintos de los adoptados hasta ese momento. De la cualidad de los tiempos no solo depende el éxito de esta o aquella modalidad de acción, sino también, más en general, qué papel le corresponda a la capacidad humana de proyección y de acción, y por tanto qué posibilidades haya de algún tipo de política racional. El propio Maquiavelo reconoce, en el famoso capítulo XXV de *El príncipe*, la plausibilidad de la opinión de que los hombres no pueden «corregir» con la

---

13. Véase N. Maquiavelo, *Discorsi, op. cit.*, p. 406. Para una equilibrada introducción al problema está Q. Skinner, *Maquiavelo*, trad. cast. de Manuel Benavides, Alianza Editorial, Madrid 2020; para profundizar, G. Sasso, *Niccolò Machiavelli*, vol. I, *Il pensiero politico*, Il Mulino, Bolonia 1993.

prudencia el curso de los acontecimientos, sino que deben resignarse y dejarse «gobernar» por la suerte, planteamiento al que se da especial crédito «en nuestros tiempos debido a la gran variación de las cosas que se han visto y que se ven diariamente, ajenas a cualquier humana conjetura». Pero el secretario de la segunda cancillería de la República de Florencia, aunque confiese sentirse en ocasiones inducido a aceptar tal opinión, en un esfuerzo desesperado de defender el postulado del libre albedrío y la iniciativa del hombre en la historia declara su preferencia por la conjetura de que «la fortuna es árbitro de la mitad de nuestras acciones, pero también nos deja gobernar la otra mitad, o casi, a nosotros»[14].

En sus formulaciones más persuasivas, el realismo es —como ya hemos subrayado— dietética del poder y, por consiguiente, una teoría de la moderación estratégica. Ahora bien: la dietética del poder está destinada a estrellarse contra el desafío de la excepción, que obliga al realista a dar respuestas radicales. La dietética es un arte de gobernar que requiere unas condiciones específicas: presupone el entendimiento y la apertura a la negociación y a la moderación en ambas partes. No es, sin embargo, una receta fiable en una situación donde determinado actor desafíe de manera revolucionaria el orden interno o internacional, o donde frustre cualquier cálculo estratégico la imposibilidad de una confianza recíproca entre las partes implicadas. En condiciones de corrupción extrema —he aquí el sentido de la lección de Maquiavelo—, hay que saber utilizar medios extremos. Tres

---

14. Sobre la relación entre suerte y cálculo humano véase, sin embargo, Tucídides, *Historia de la Guerra del Peloponeso, op. cit.*, I, 140, 1.

siglos después, Hegel retomaría este enfoque maquiavelia-no (atribuyéndole a su autor «una mente de verdad política que pensaba del modo más grande y más noble»): «Una vida que está cerca de la putrefacción, solo puede reorgani-zarse con la más dura energía»[15].

Con el agravamiento del desorden de los asuntos de Ita-lia y de la dependencia del poder extranjero, con el caos de las guerras civiles confesionales en Europa, la literatura del Barroco y del manierismo políticos perdió la confianza en ese papel activo de la inteligencia humana, redimensionan-do los márgenes de acción de la virtud. A los racionalistas –que saben distinguir el componente subjetivo de las ac-ciones frente al componente objetivo de las estructuras– les sucedieron los escépticos, que tienden a disolver las constan-tes y las estructuras de la política en un flujo decisorio que está siempre a merced de la contingencia. Para los escépti-cos, el realismo dejó de ser la antecámara de la ciencia polí-tica y quedó reducido a esqueleto de una (precaria) arte de la autoconservación. A Guicciardini podemos considerarlo, con su elogio de la «discreción», el paladín del juicio en la Edad Moderna:

Es gran error hablar de las cosas del mundo en términos indis-tintos y absolutos y, por así decir, «conforme a regla». Porque casi todas [las reglas] tienen distinción y excepción por la varie-dad de las circunstancias, las cuales no se pueden sujetar con una

---

15. Véase G. W. F. Hegel, *La costituzione della Germania*, en *id.*, *Scritti politici*, Einaudi, Turín 1972, pp. 104-105 [hay trad. cast. de Dalmacio Negro Pavón, *La Constitución de Alemania*, Tecnos, Madrid 2010; ed. original: *Kritik der verfassung Deutschlands*, ed. póstuma en T. G. Fisher, Kassel 1893].

misma medida. Y esa distinción y esa excepción no se encuentran escritas en los libros, sino que debe enseñarlas la discreción[16].

De tales formulaciones no anda lejos Montaigne, para quien los acontecimientos dependen —especialmente la guerra— «sobre todo de la fortuna»[17]. Y en el siglo XVII, un escritor representativo de esta orientación escéptica como es Virgilio Malvezzi sentencia: «En los asuntos políticos, no hay más regla que la fortuna»[18].

3. *Arcana imperii*

«El secreto está en el núcleo más interno del poder», escribió Elias Canetti[19]. No es la fuerza —un recurso que, de hecho, conviene utilizar con parsimonia— lo que determina el desenlace de los conflictos. Mucha más incidencia tiene su empleo estratégico y, por tanto, el mantenimiento en secreto de los planes, la disimulación de las intenciones que se tienen; porque así se coge desprevenido al adversario y se lo derrota sin excesivo dispendio de medios y energías. Añádase que el poder, al ser temido, está por eso mismo

---

16. F. Guicciardini, *Ricordi, op. cit.,* p. 12.
17. Véase M. de Montaigne, *Saggi, op. cit.,* vol. I, p. 311. *Cf.* A. M. Battista, *Politica e morale nella Francia dell'età moderna,* Name, Génova 1998.
18. Así dice Virgilio Malvezzi en *Il Tarquinio Superbo* (1632) según lo cita G. Borrelli en *Ragion di Stato e Leviatano. Conservazione e scambio alle origini della modernità politica,* Il Mulino, Bolonia 1993, p. 197.
19. Véase E. Canetti, *Massa e potere,* Adelphi, Milán 1981, p. 350 [hay trad. cast. de Horst Vogel, *Masa y poder,* Alianza Editorial, Madrid 2013; ed. original: *Masse und Macht,* Claassen, Hamburgo 1960].

sometido a un intenso escrutinio; y su excesiva exposición a las miradas puede revelar sus puntos flacos. La manera mejor que el poder tiene para protegerse y alcanzar sus objetivos consiste, pues, en combinar la ostentación intimidatoria de su arsenal coercitivo con la disimulación de algunas de sus potencialidades y con el mantenimiento en secreto de una parte de sus actos. De esta doblez del poder deriva la duplicidad del programa del realismo, que es indagación de aquello que parece y, al mismo tiempo, de aquello que se oculta detrás de la apariencia: una doctrina exotérica del poder público, y una doctrina esotérica de los *arcana imperii*.

Esta verdad ya la habían constatado los historiadores del mundo antiguo. Tácito es, de todos ellos, el más sutil investigador de los secretos del Palacio, de los laberintos de un Poder que constantemente tiende a exhibir su fuerza y a esconder sus fechorías. Pero es en la época de la formación del Estado moderno —una época marcada por los conflictos confesionales que lancinaron la unidad de la república cristiana— cuando la tratadística política elabora una sistemática del secreto. La teoría de los *arcana imperii* se convierte entonces en la espina dorsal de la doctrina de la razón de Estado[20]: identifica el nexo existente entre saber y disciplina, y opera en el sentido de una monopolización no solo del poder, sino también del saber. Quien gobierna debe acumular el máximo saber posible y trabajar para que los segmentos estratégicos de dicho saber no lleguen a conocimiento ni de

---

20. Véase H. Münkler, *Im Namen des Staates. Die Begründung der Staatsraison in der Frühen Neuzeit*, op. cit.

sus enemigos, ni de sus súbditos[21]. El gran vector de la racionalización del Estado es la institucionalización del saber secreto. (Esta lógica también la hacen suya las logias masónicas que tratan de oponerse al poder absoluto organizando a las fuerzas morales de la sociedad civil).

El Saber del Palacio tiene que ver con las técnicas en las que se articulan los conocimientos particularistas de quien manda. El criterio es el de la eficacia del mando. En sus variantes fuertes –propiamente «maquiavélicas»–, la teoría de la razón de Estado puede parecer una mera antropología del atropello por parte de los poderosos (y como tal termina ciertamente siendo puesta en práctica). En sus variantes moderadas, sin embargo, se trata de una doctrina de la conservación del Estado: de una praxeología de la prudencia política orientada a la prevención de los desórdenes y las insidias, y obsesionada por un imaginario polemógeno. Con la era de la razón de Estado, el realismo asume el carácter de una ideología al servicio de la estabilización del poder. Buena parte de la literatura política que acompaña ese proceso de monopolización del poder, de centralización y de disciplinamiento en que consiste la formación de los Estados modernos, se refiere precisamente a estas equívocas técnicas encaminadas a la producción de obediencia y disciplina. La diferencia entre los teóricos de la soberanía y los autores de la razón de Estado reside en el hecho de que, en los segundos, queda más de manifiesto el componente praxeológico. Ellos no se limitan, en efecto, a afirmar lo indispensable del monopolio estatal de la fuerza, sino que

---

21. Véase A. Dewerpe, *Espion. Une anthropologie historique du secret d'État contemporain*, Gallimard, París 1994.

extraen la conclusión práctica de que a los gobernantes no debe temblarles la mano a la hora de usar cualesquiera medios —aun moralmente ilícitos— para alcanzar el fin de la autoconservación y de la autoafimación[22].

Con los catálogos de máximas —ora generalísimas, ora contradictorias— de los escritores que apelan a la «razón de Estado» cabría compilar volúmenes. Aquí vamos a mencionar solamente a un adversario suyo declarado —Immanuel Kant— y su tratado *La paz perpetua*, donde encontramos una síntesis solvente de los preceptos básicos de la mencionada doctrina. Kant conocía bien la materia y podía sacar, de la historia alemana de su siglo, un ejemplo paradigmático de doblez maquiavélica: en la *Antropología* nos recuerda precisamente cómo Federico II de Prusia —autor del *Antimaquiavelo*—, «aunque en público asegurase que él no era sino el primer servidor del Estado, en privado no podía esconder, suspirando, que lo cierto era lo contrario, y aducía como excusa que la culpa la tenía esa estirpe terrible que se llama "género humano"»[23]. A pesar de que se proponía elaborar una constitución que pudiera servir para ordenar una república de diablos, Kant se posiciona, de manera bastante explícita, contra la razón de Estado, es decir, contra una doctrina que legitima la violencia y el despotismo con base en una supuesta experiencia antropológica que, bien mira-

---

22. Véase S. Pistone, «Ragion di Stato», en N. Bobbio, N. Matteucci y G. Pasquino (eds.), *Dizionario di política*, Utet, Turín 1983, p. 946 [hay ed. esp. de José Aricó y Jorge Tula, *Diccionario de política*, reed. en Siglo XXI de España, Madrid 1982].
23. Véase I. Kant, *Antropologia dal punto di vista pragmatico*, en *id.*, *Scritti morali*, Utet, Turín 1970, p. 756 [hay trad. cast. de José Gaos, *Antropología*, reed. en Alianza Editorial, Madrid 2015; ed. original: *Anthropologie in pragmatischer Hinsicht*, Friedrich Nicolovius, Königsberg 1798].

do, no considera a los hombres como por naturaleza son, sino como determinada política «los ha hecho».

Según Kant, los autoproclamados realistas o moralistas políticos —esto es: quienes adoptan, aun renegando del mismo, el punto de vista de Maquiavelo y utilizan la moral y la religión únicamente como encubrimientos ideológicos de políticas inspiradas en objetivos de autoconservación y de autoafirmación— actúan con base en las siguientes máximas: (I) *Fac et excusa*, (II) *Si fecisti, nega*, y (III) *Divide et impera*[24]. A ellas pueden reconducirse gran parte de los consejos de prudencia política impartidos por esa disciplina que Karl Ludwig von Haller, el teórico de la Restauración, llamaría «macrobiótica» o «arte de prolongar la vida de los Estados»[25]. Kant niega, sin embargo —también sobre la base de la experiencia reciente de la Revolución francesa—, que tales máximas realmente puedan ayudar a la conservación de un Estado civil.

Con la máxima del *Fac et excusa* se busca una solución barata al conflicto que se da entre la moral (o el derecho) y la conveniencia política. La fórmula traduce a precepto orientado a la praxis el principio de la «fuerza normativa de lo fáctico». Lo que es el caso, adquiere su legitimidad por el hecho mismo de serlo. Después de haber contravenido una norma, se busca justificación en la emergencia o en la necesidad. Y semejante justificación resulta fácilmente persuasiva estando en juego la salvación de la cosa pública.

---

24. Véase *id.*, *Per la pace perpetua, op. cit.*, pp. 322 y ss.
25. Véase K. L. von Haller, *La restaurazione della scienza politica*, vol. II, Utet, Turín 1976, p. 455 [ed. original: *Restauration der Staats-Wissenschaft, oder, Theorie des natürlich-geselligen Zustands, der Chimäre des künstlich-bürgerlichen entgegengesetzt*, Steiner, Winterthur 1816-1834, 6 vols.].

Haga, pues, un príncipe por vencer y por mantener el Estado: los medios siempre se considerarán honorables y serán por todos encomiados. Porque al vulgo se le gana con lo que se ve y con el resultado del asunto, y en el mundo no hay sino vulgo. Y los menos no tienen cabida cuando los más tienen dónde apoyarse[26].

El fin de la supervivencia del colectivo justifica en cualquier caso el empleo de la fuerza y del fraude. Y cuando la supervivencia y el orden no estén amenazados de una forma que resulte abiertamente perceptible, a un príncipe siempre le convendrá fomentar el imaginario polemógeno, evocando alguna conjura o algún enemigo que conspira en la sombra.

La estrategia de minimizar en nombre del principio de necesidad la injusticia cometida, encuentra su elaboración jurídico-política en el concepto de derogación. Y el de la derogación es, en efecto, un tema recurrente en los autores de la razón de Estado. «Muchos consideran que un príncipe juicioso y experto tiene la obligación, si la necesidad lo exige, no solo de mandar con arreglo a las leyes, sino sobre las leyes mismas»: así escribe, apelando a la autoridad de Charron, Gabriel Naudé, el teórico de los «golpes de Estado», en la idea de validar el principio de que, para respetar la justicia en los asuntos grandes, a veces hay que alejarse de ella en los pequeños. («Para actuar con justicia al por mayor, es lícito ser injusto al por menor»[27]). La justicia al por mayor es el interés del Estado —o de los Grandes, de los Poderosos

---

26. N. Maquiavelo, *Il príncipe, op. cit.,* XVIII, p. 167.
27. G. Naudé, *Considerazioni politiche sui colpi di Stato,* Giuffrè, Milán 1992, p. 107 [hay trad. cast. de Carlos Gómez Rodríguez, *Consideraciones políticas sobre los golpes de Estado,* Tecnos, Madrid 2011; ed. original: *Considérations politiques sur les coups d'estat,* s. e., s. l. 1667].

del Estado—, mientras que la justicia al por menor es todo aquello que la civilización jurídica moderna denuncia como violación de los derechos. Es obvio que esta doctrina se sitúa en las antípodas de los constructos teóricos que posteriormente confluirían en el gran filón del constitucionalismo.

La máxima del *Si fecisti, nega* es el ámbito de aplicación de la mentira y la disimulación. A partir de Platón, fue acumulándose toda una literatura sobre el papel de la «noble mentira» empleada contra los enemigos. La política de poder y de atropello —o de limpieza étnica, por retomar un ejemplo actual— implica violaciones del derecho y de la moral cuya gravedad no admite justificación. En este caso, incluso una estrategia de minimización se antoja inadecuada: es necesario borrar las huellas de cuanto se ha hecho, a fin de dejar de sentir el peso de su irreversibilidad[28]. Cuando no puede negarse la evidencia de los hechos, a la doctrina de la razón de Estado se le ocurre la solución de imputar la responsabilidad de los mismos a un *chivo expiatorio*. El destino que César Borgia reserva a Ramiro de Lorca, su lugarteniente de Romaña, «por purgar los ánimos de aquellos pueblos y ganárselos en todo» —volviendo contra él el odio «universal»—, ha pasado a ser paradigmático de esta astucia de la razón estratégica[29]. Naturalmente, la política de la mentira presenta unos costes tan altos, que pueden entrar en conflicto con el interés por la estabilización. Incluso autores formados en esta escuela reparan en lo problemático de la repetición de

28. Pertenece al ámbito del realismo político ese conjunto de argumentos que un brillante estudioso de las ciencias sociales atribuyó, un poco reductivamente, a la retórica reaccionaria; véase A. Hirschman, *La retórica reaccionaria. Perversidad, futilidad y riesgo, op. cit.*
29. Véase N. Maquiavelo, *Il príncipe, op. cit.*, VII, pp. 136-137.

máximas de este tipo[30]. El arte de la disimulación solamente surte efecto si se ejerce con mucha parsimonia. (Además de la dietética de la fuerza, hay una dietética del fraude). Pero la razón de Estado tiende a imponerse de forma aplastante y, así, a menudo termina resultando *self-defeating* (es decir: autosaboteadora, contraproducente).

La máxima del *Divide et impera* es otro principio imperecedero de la acción estratégica, aplicado en el ámbito de la política interna con el mismo éxito que en el de la política internacional. El virtuoso de la estrategia es, para el realismo, un *sembrador de discordia*: el enemigo que, en su acción estratégica, adopta el código del fraude en conjunción con el de la fuerza. «No te emperres en seguir haciendo daño, sino que, maquinando contra este, traba amistad con aquel», reza una máxima del *Breviario de los políticos* atribuido al cardenal Mazarino[31]. Y el mismo principio formula Maquiavelo:

El modo es intentar convertirse en confidente de la ciudad que esté desunida. Y en tanto que no lleguen a las armas, como árbitro manejarse entre las partes. En llegando estas a las armas, favorecer tenuemente a la parte más débil (tanto para tenerlos más tiempo metidos en la guerra y hacer que se consuman, como para evitar que tu gran poderío no les haga temer a todos que tú quieres oprimirlos y convertirte en su príncipe). Y una vez que esta parte esté ya controlada bien, sucederá, casi siempre,

---

30. Véase G. Borrelli, *Ragion di Stato...*, *op. cit.*, pp. 197-198.
31. Véase J. R. Mazarino (cardenal), *Breviario dei politici secondo il Cardinale Mazzarino* (1684), ed. de G. Macchia, Rizzoli, Milán 1981, p. 97 [hay trad. cast. (del original latino) de Alejandra de Riquer, *Breviario de los políticos. De los cuadernos de notas del Cardenal Mazarino*, Acantilado, Barcelona 2007].

que el asunto tendrá ese fin que tú te habías propuesto. (Maquiavelo, *Discursos*, II, 25).

Más solapada todavía es la manera, sin embargo, en que opera el *corruptor*, el cual aplica la máxima que nos ocupa en el sentido estricto del fraude. De la corrupción de amigos y enemigos, el príncipe espera el debilitamiento de cualquier conjura adversa, así como la disgregación de cualquier posible alternativa a su poder.

Con la época de las revueltas y de las revoluciones, la modernidad tendrá que darse cuenta de que estas máximas a las que la razón de Estado atribuye la función de consolidar el poder son, en realidad, vectores de desestabilización: aprisionan a los Estados en un laberinto de ilegalidades e injusticias, comprometiendo el proceso de racionalización. Kant condena los crímenes cometidos por la revolución a la que, con sentimientos encontrados —entre el entusiasmo y el horror—, le toca asistir en sus últimos años; pero él sabe que tales excesos vienen dados por un arte de gobernar que apela a las pasiones más bajas del hombre, de las cuales se sirve para sostener políticas contrarias al derecho. Medio siglo después —ya casi en vísperas de la revolución de 1848—, en un importante discurso contra los métodos de gobierno de la Francia orleanista, Tocqueville sentenciará: «Cualquier gobierno que siembre vicios, antes o después recogerá revoluciones. Esto se viene viendo desde el principio de los siglos»[32].

32. Véase A. de Tocqueville, *Scritti, note e discorsi politici 1839-1852*, Bollati Boringhieri, Turín 1994, p. 23 [en trad. cast. véase quizás *id.*, *Discursos y estudios políticos*, trad. de Antonio Hermosa Andújar, Centro de Estudios Políticos y Constitucionales, Madrid 2005].

4. El arte de la simulación

> En la corte, las personas se acuestan y se levantan pensando en su propio interés; este es lo que ponderan mañana y tarde, día y noche: lo que las induce a reflexionar, a hablar, a callar, a actuar. Únicamente con ese espíritu se acercan a unos y desatienden a otros, suben y bajan. Con base en ese principio administran las miradas, las finezas, la estima, la indiferencia, el desprecio[33].

El espacio de la corte es el terreno en que se ejerce la hermenéutica del realismo. En tal espacio, quien domina es el interés; pero los esfuerzos van siempre encaminados a disimularlo o a transfigurarlo en esa gran ficción que es el bien común. De los intereses —nos tranquiliza con una voz el realista— cabe hacer un cálculo racional; el arte de la simulación y de la disimulación —insinúa, sin embargo, otra voz— puede volver vana cualquier previsión y cualquier cálculo.

Un análisis clásico de esta arte lo encontramos en un ensayo moral de Bacon que se titula, precisamente, «De la simulación y la disimulación». Pero la centralidad del esconderse y del encubrirse en la vida social es un tema recurrente de la literatura de la época barroca. De esta táctica y estrategia del enmascaramiento existen, según Bacon, tres modalidades.

---

33. J. de la Bruyère, *I caratteri*, Einaudi, Turín 1981, p. 140 [hay trad. cast. de Consuelo Berges, *Los caracteres o Las costumbres de este siglo*, Hermida Editores, Paracuellos de Jarama (Madrid) 2013; ed. original: *Les Caractères ou les Mœurs de ce siècle*, Estienne Michallet, París 1688].

En primer lugar, la discreción, la reserva, el secreto: cuando uno se sustrae a las miradas o no deja que lo vean como es. En segundo lugar, la disimulación en negativo: cuando uno no hace nada ante señales y demostraciones de que él no es lo que es. En tercer lugar, la simulación en positivo: cuando un hombre finge y sostiene intencionada y expresamente que él es lo que no es[34].

Torquato Accetto, por su parte, en *Della dissimulazione onesta* define su objeto como sigue: «La disimulación es un artificio encaminado a que las cosas no se vean como son»[35]. Simular la esperanza y disimular, en cambio, la incertidumbre, el miedo y la desesperación es el primer requisito de una actividad de mando, que debe saber infundir a los subordinados el coraje. En tal arte reside el meollo de la prudencia: «Es el recatado silencio sagrado de la cordura», escribe Baltasar Gracián[36].

La simulación y la disimulación evitan el empleo de la violencia, pero hay otras razones —de orden propiamente estratégico— que aconsejan el uso de estas estratagemas. Bacon también observa, en efecto, que...

Las grandes ventajas de la simulación y la disimulación son tres. En primer lugar, adormecer a la oposición y sorprender; porque cuando las intenciones de un hombre son públicas, eso es como

---

34. F. Bacon, «Della simulazione e dissimulazione», en *id.*, *Scritti politici giuridici e storici*, Utet, Turín 1971, pp. 320-321 [trads. esps.: *e.g.* la titulada «De la simulación y la disimulación», en *Revista de Occidente*, n.º 374-375 (2012), pp. 52-55, o la titulada «Sobre la simulación y el disimulo», en F. Bacon, *Ensayos*, trad. de Gonzalo Torné, Galaxia Gutenberg, Barcelona 2023, pp. 41 y ss.; ed. original: «Of Simulation and Dissimulation», en F. Bacon, *The Essays or Counsels, Civil and Moral*, John Haviland, Londres 1625].
35. Véase T. Accetto, *Della dissimulazione onesta* (1641), Einaudi, Turín 1997, p. 27.
36. Véase R. Villari, *Elogio della dissimulazione. La lotta politica nel Seicento*, Laterza, Roma/Bari 1987.

una alarma que moviliza a cuantos a ellas se oponen. La segunda ventaja consiste en reservarse una retirada honrosa; porque si uno se compromete con una declaración manifiesta, entonces debe o bien triunfar, o bien sucumbir. La tercera ventaja consiste en descubrir mejor el ánimo ajeno; porque a quien se abre, los hombres difícilmente vayan a mostrársele hostiles, sino que dejarán que siga adelante y, la libertad de palabra que ellos tienen, la convertirán en libertad de pensamiento.

El arte de la simulación es, pues, tanto una técnica defensiva, como una técnica de ataque. La corte es el teatro de mil pequeñas guerras en las que la táctica prevalece sobre la estrategia, y en las que el hombre prudente sabe que la primera regla para poder resistir largo y tendido —a la espera de la ocasión propicia para lanzarse por fin al ataque— consiste en mantenerse a cubierto, enrocándose en una defensa entretejida de engaños. La primacía de la defensa fue teorizada ya por los moralistas mucho antes de que Clausewitz elaborara su versión de la misma en la estrategia militar:

También hay, en contrapartida, tres desventajas. En primer lugar, que la simulación y la disimulación suelen conllevar una sombra de timidez que, en determinados asuntos, corta las alas que hacen falta para volar derecho hasta la meta. En segundo lugar, que desconcierta y pasma el entendimiento de muchos que quizás, de otra manera, cooperarían; y hace que un hombre camine prácticamente solo hacia sus objetivos. En tercer lugar —y sobre todo—, que priva a un hombre de los principalísimos instrumentos de la acción: la confianza y el crédito[37].

37. F. Bacon, «Della simulazione e dissimulazione», *op. cit.,* pp. 322-323.

Se trata, así, de un instrumento útil para neutralizar y combatir a los enemigos. No tan útil, sin embargo –a veces, de hecho, contraproducente–, para crearse amigos. Porque mientras que el realismo de la fuerza vuelve nítidas las contraposiciones amigo-enemigo, el realismo del fraude las confunde y aumenta, con ello, la opacidad y la incertidumbre del ruedo político. El carácter íntimamente contradictorio de esta práctica radica en la desatención de la importancia estratégica de la confianza. En condiciones de alta conflictualidad y escasa información, poder contar con el recurso de la confianza –que representa «un estado intermedio entre el conocimiento y la ignorancia relativas al hombre»[38]– constituye, en efecto, un factor estratégico de inestimable valor.

5. Elogio de la corrupción

En la matriz del realismo político no solo se inscribe la doctrina de la razón de Estado, sino también la filosofía de la incipiente sociedad del comercio. Si el gran tema del moralismo es la crítica de la corrupción, el realismo a menudo se basa en el elogio de la corrupción que conllevan los intercambios y la difusión del lujo. ¿Con qué argumentos? Sería fácil extraer de la literatura dieciochesca un amplio repertorio. La sociedad de las necesidades y del egoísmo constituye el

---

38. Así dice G. Simmel en su *Sociologia*, Edizioni di Comunità, Turín 1998, p. 299 [hay trad. cast. titulada *Sociología. Estudios sobre las formas de socialización*, reed. en Alianza Editorial, Madrid 1986, 2 vols.; ed. original: *Soziologie. Untersuchungen über die Formen der Vergesellschaftung*, Duncker & Humblot, Leipzig 1908]: «Quien está al tanto de todo, no necesita fiarse; quien no está al tanto de nada, no es razonable que se fíe».

auténtico principio de la civilización; lo que es útil para los Estados —lo que los hace prósperos—, es fruto de la fuerza y del fraude. En nombre del interés de los Estados ha de contravenirse no solo el mandamiento del «No matarás», sino también el del «No robarás». Porque la corrupción no solo es un síntoma de decadencia: con mayor frecuencia es un vector de expansión y consolidación del poder.

La obra que podríamos considerar el paradigma del maquiavelismo económico se titula *La fábula de las abejas o Los vicios privados hacen la prosperidad pública*. La dio a la imprenta en 1714 Bernard Mandeville; el núcleo originario del texto, *La colmena rezongante o Bribones que se vuelven honestos* (*The Grumbling Hive: or, Knaves turn'd Honest*), data de 1705. Se trata de un escrito clave para el antirracionalismo de la teoría de la sociedad. Mandeville desvincula, en efecto, del modelo contractualista la concepción de la sociedad como artificio y libera al individualismo de la asunción de que los hombres actúan en un «estado de naturaleza» como sujetos aislados y se unen siguiendo cálculos racionales. La suya es una investigación sobre los «verdaderos cimientos» de la sociedad; aspira a «demostrar que, si el hombre se hubiera quedado en su estado primitivo de inocencia y hubiese seguido gozando de los beneficios a él destinados, no es en absoluto probable que se hubiera convertido en la criatura sociable que ahora es»[39]. Para este autor, la sociabilidad es el resultado de un juego de intereses y pasio-

---

39. Véase B. Mandeville, *La favola delle api*, Laterza, Roma/Bari 1987, p. 245 [hay trad. cast. de José Ferrater Mora, *La fábula de las abejas o Los vicios privados hacen la prosperidad pública*, reed. en Fondo de Cultura Económica de España, Madrid 1997; ed. original: *The Fable of the Bees, or: Private Vices, Publick Benefits*, J. Rorerts (*sic*), Londres 1714].

nes —en el cual la reflexión y la racionalidad desempeñan un papel derivado y marginal— y la sociedad no se cimienta en un cálculo racional de los individuos. De donde se desprende que el bienestar de las naciones se produce como un efecto no intencionado de los actos de los estos, y no como un objetivo de nadie ni como el fruto de ningún designio racional.

Mandeville es el Maquiavelo del paradigma economicista de explicación de la sociedad y sus reglas. Significativa a este respecto resulta ya una formulación que leemos en la introducción a su «Investigación sobre el origen de la virtud moral» (*An Enquiry into the Origin of Moral Virtue*): «Una de las principales razones por la que tan pocas personas se entienden a sí mismas, es que la mayoría de los escritores enseñan a los hombres siempre aquello que deberían ser, y casi nunca turban sus cabezas diciéndoles aquello que son realmente»[40]. Aparte de esta declaración metodológica —que apela a ese empirismo radical del que ya encontrábamos un precoz testimonio en Maquiavelo—, toda la obra de Mandeville nos ofrece una genealogía de la sociabilidad y de la moral basada en la asunción de que, lo que hace sociable al hombre, no son sus buenas cualidades, sino sus atributos malos, : «Lo que llamamos "mal" —ya sea moral o natural—, es el gran principio que nos hace criaturas sociables»[41]. El enfoque utilitarista de los vicios se configura, así, como la variante moderna de un realismo donde el lugar de la autonomía de la política pasa a ocuparlo la autonomía de la esfera económica.

---

40. Véase *ibid.*, p. 23.
41. *Ibid.*, p. 266. Aquí resulta evidente la inversión del axioma hobbesiano, que también es el punto de partida de Mandeville.

Nos hallamos, sin embargo, ante una operación más compleja que una mera extensión del realismo maquiaveliano a la economía. Porque Maquiavelo partía de la escisión manifiesta entre una moral privada (cristiana) y una ética política que apuntaba a la *salus populi*[42], y constataba que la moral privada no resultaba adecuada para la acción de gobierno: había que parecer moral —en el sentido cristiano—, pero no serlo. El camino enfilado por el secretario de la segunda cancillería de la República de Florencia se revelaba, sin embargo, un callejón sin salida: ante el proceso de la corrupción —ante el particularismo de los individuos y ante la avaricia—, no quedaba otra salida que recurrir a la fuerza, a los medios excepcionales (aun teniendo presente la antinomia de lo político, a saber, que quien esté en condiciones de detener con medios excepcionales el curso de la corrupción será, forzosamente, él mismo un producto de la corrupción)[43]. Frente a quienes ven en la primacía de la avaricia —de lo particular— la causa de la corrupción y del declive de la pasión por el bien público, Mandeville objeta que el entrelazamiento de las pasiones egoístas redunda precisamente en la maximización de dicho bien. No es, en efecto, la frugalidad —cualidad que cuadra a pequeñas sociedades cerradas—, sino las pasiones egoístas —la avaricia, la ambición, la vanagloria o el orgullo— lo que está en la base del desarrollo de las grandes sociedades. Si la frugalidad y la austeridad de las costumbres son apropiadas para «pequeñas sociedades de hombres buenos y pacíficos», ahora es la dialéctica de la prodigalidad y de la avaricia, del consumo y del ahorro lo que promueve el desarrollo de la sociedad abierta.

---

42. O sea, a la salvación del pueblo. *(N. del T)*.
43. Véase N. Maquiavelo, *Discorsi, op. cit.,* i, 18.

Encontramos aquí, además de la polémica con la moral cristiana, también el rechazo de la eticidad clásica, cuyo último cantor de la época moderna será Rousseau. Tanto por la novedad de su antropología, como por la radicalidad del trazado de su solución contractualista —y también por su programa pedagógico—, Rousseau sigue estando, no obstante sus intenciones declaradas, en las antípodas del realismo político. Lo cual en absoluto le impide alcanzar unas cotas de realismo psicológico que lo inscriben, con todo el derecho, en la galería de los mayores moralistas de la historia. Frente a las concepciones opuestas de lo demoníaco del poder y de la eticización de las costumbres, con Mandeville la filosofía de la sociedad civil enfila, en cambio, una tercera vía al individuar un objeto —un mecanismo— que permite volver del revés la lógica entrópica del poder. El partido que se disputará entre la armonía de los intereses y el conflicto entrópico —entre la «mano invisible» y la necesidad de coerción— resultará ser, en todo caso, el partido decisivo de la modernidad.

El realismo político y las ideologías

1. El realismo institucional

El realismo no está ciego ante los riesgos del poder: sabe que la *hýbris* de hacer la historia, de dar un orden definitivo a las contingentes relaciones humanas, está en la raíz de las grandes tragedias políticas desde tiempos inmemoriales. Ya Platón planteaba en *Las leyes* (713c), recurriendo al mito de Crono, que no hay naturaleza humana capaz de gobernar los asuntos de los hombres con poder absoluto sin incurrir en toda suerte de violencias e injusticias, para lo cual él buscó un remedio en la ley, en la juridificación y en la eticización del poder. Desde los absolutismos monárquicos de los siglos XVII y XVIII hasta los totalitarismos del siglo XX, el mundo moderno ha conocido, a una escala mayor que la de las tiranías de la Antigüedad, los devastadores efectos de un poder sin límites, constatando que la violencia y la corrupción son consecuencias inevitables de tal clase de poder. «El poder tiende a corromper, y el poder absoluto corrompe de manera absoluta», escribe lord Acton en una carta de 1887 cuya cita no ha dejado de aparecer desde entonces en la literatura sobre el liberalismo[1].

El realismo político, aunque en su paradigma originario se caracterice por el reconocimiento de la fragilidad de las instituciones frente al ciclo natural del crecimiento y del declive —frente a la *phýseos anánke*, frente a la violencia de la naturaleza humana—, así y todo ha ido diferenciando y articulando su concepción de las instituciones, a lo largo de la historia, desde una conciencia cada vez mayor de la amenaza que el poder implica.

No es difícil constatar que, en este ámbito, Maquiavelo es más rico que Tucídides, del mismo modo que Tocqueville es más rico que Maquiavelo y, Weber, más que Tocqueville. Este interés por las instituciones presupone, obviamente, el convencimiento de que la moral no basta para frenar el abuso del poder, sino que hacen falta, como dice Maquiavelo, «buenas órdenes y buenas leyes». La razón de esa importancia cada vez mayor que a estas se atribuye, son la experiencia y la reflexión históricas, que muestran que la ingeniería institucional puede contribuir a la estabilización de las relaciones políticas.

El realismo, en la línea de sus asunciones más generales, considera que las instituciones están expuestas por naturaleza a múltiples riesgos; de ahí que vea su evolución a la luz del habitual dualismo de realidad y apariencia. Cuando el

---

1. Véase J. E. E. D. Acton, *Essays on Freedom and Power*, Free Press, Glencoe 1948, p. 364 [hay trad. cast. de Paloma de la Nuez, *Ensayos sobre la libertad y el poder*, Unión Editorial, Madrid 2011].

teórico de la civilización señala como progreso una innovación institucional, el realista toma nota con cierto escepticismo y se apresura a verificar si tal progreso es de verdad real o se limita, en cambio, a la apariencia, a la forma exterior del proceso político. Porque a la fantasía institucional le fija límites la invariancia de la naturaleza humana, y a la racionalidad ordenadora le pone obstáculos la contingencia. Aun los ordenamientos institucionales más equilibrados se ven a menudo condenados al fracaso por coyunturas históricas desfavorables. Así y todo, por lo menos al realista moderando le interesan, en virtud de su querencia por una «dietética de la fuerza», los mecanismos empleados para prevenir abusos del poder[2].

También en nombre del realismo se ponen límites al poder para prevenir los abusos. Al gobierno de los hombres le fija límites, en efecto, el gobierno de las leyes; al *gubernaculum*, la *iurisdictio*; a las burocracias patrimoniales, las instituciones representativas. El realista reconoce el papel de las instituciones en la modificación de valores, representaciones colectivas y comportamientos políticos; pero considera innegociables, a la hora de abordar las instituciones, los siguientes puntos básicos: (i) la primacía del gobierno de los hombres sobre el gobierno de las leyes, (ii) la primacía de los poderes políticos sobre a los poderes de control, (iii) la primacía de la constitución material sobre la constitución formal y (iv) la naturaleza compleja de la evolución jurídica. Con referencia a cada uno de estos cuatro elementos, la

---

2. Los contornos de este realismo institucional son fácilmente identificables, en el pensamiento político moderno, en la línea Montesquieu-Tocqueville-Weber.

preocupación del realista es la de evidenciar cuanto se esconde *detrás* —o queda *debajo* o viene *antes* de— la configuración formal de las instituciones.

(i) Por la antigua disputa filosófica de si es mejor el gobierno de los hombres o el gobierno de las leyes, el realista no se siente especial interés: su atención se dirige, desde el punto de vista empírico, al papel que los individuos ejercen en las instituciones. Si la actividad política es esencialmente irracional, si está determinada en primer lugar por las pasiones del poder, resulta obvio que, para comprenderla, hace falta considerar precisamente a los hombres a los que tales pasiones mueven a elegir y a actuar. El realista sabe que explicar el devenir histórico privilegiando la forma sobre la vida lleva a engaño y es peligroso; de ahí su interés por evidenciar que, detrás de cada norma, hay un poder y, por tanto, una voluntad humana específica, y que toda norma es objeto de interpretación y de reconocimiento por parte de sujetos específicos de los cuales dependen, a fin de cuentas, su legitimidad y su eficacia.

(ii) Entre los poderes de los que dispone un Estado, las preferencias del realista van hacia los de naturaleza política o ejecutiva, ya que dichos poderes expresan, más que un punto de vista que se sitúa por encima de las partes, el punto de vista de la parte más fuerte (con independencia de que tal parte haya pasado a ser, en virtud de la regla de la mayoría o de otro principio de reconocimiento, representativa de la totalidad). El realismo es una filosofía del *gubernaculum*, y no de la *iurisdictio*, desde el momento en que su interés primario no reside en la tutela del derecho, sino más bien en la eficacia de la acción. De cara a una concepción técnica del Estado, lo esencial es, en efecto, «dar con los medios adecuados para obtener, en el caso concreto, un resultado concreto»[3]. Para el realista, el poder judicial es, precisamente por su pretendida imparcialidad, el poder más débil. En la raíz discriminante (culpable o inocente) del paradigma judicial, el realista capta, si acaso, la memoria de la guerra y el vestigio de un paradigma moral y político más originario (buenos y malos, amigos y enemigos). No tiene sentido, así las cosas, postular una pureza impolítica de la jurisdicción y presuponer una perfecta separación entre la lógica estratégica de la conflictualidad y la lógica normativa de la tercería, por más que el proceso pueda llegar a tocar los santuarios del poder; pues las grandes controversias de naturaleza política, no se pueden dirimir sino de manera política[4].

(III) Si en la política internacional resulta aleatorio confiar en el equilibrio y fiarse de la moderación de las potencias, algo más sí que parece posible conseguir fiando en proyectos constitucionales de estabilización del poder con el objetivo de garantizar durabilidad a las síntesis políticas. Tal programa de estabilización se viene persiguiendo desde la Antigüedad: se contemperan fuerzas e intereses sociales heterogéneos con el modelo del gobierno mixto, que es una buena representación de la orientación realista en el ámbito institucional. Más en general, sin embargo, con la filosofía política clásica y con Aristóteles toma forma una teoría de

3. Véase C. Schmitt, *La dittatura. Dalle origini...*, op. cit., p. 23.
4. Véase *id.*, *La defensa de la constitución*, trad. cast. de Manuel Sánchez Sarto, reed. en Tecnos, Madrid 1998 [ed. original: *Der Hüter der Verfassung*, Mohr, Tubinga 1931].

la constitución *material* como «ordenamiento de las magistraturas» y, a la vez, como estructura de las fuerzas sociales, de las clases y de los poderes que, en el conjunto de sus
interrelaciones, configuran un sistema político concreto. El
realismo institucional pone de relieve, con otras palabras, la
necesidad de que los ordenamientos fundamentales estén
en consonancia con las exigencias profundas y con lo que
Maquiavelo habría llamado los «humores» de la sociedad.
En la cima de esta tradición que se plantea la dimensión
material de la vida de las instituciones, podemos situar a
Hegel cuando, en polémica con el artificialismo revolucionario, define la constitución (*Verfassung*) como la «organización del Estado» y el «proceso de su vida orgánica»[5]. No es
casual que fuera el hegeliano Lassalle quien luego elaborase
una teoría de la constitución material a la que se sigue remitiendo a día de hoy.

(IV) Entendida como un conjunto de fuerzas sociales y políticas —y como el sistema jurídico de las relaciones entre tales
fuerzas—, la constitución no es, para los realistas, el resultado
de ningún proyecto racional —de ningún acto constituyente, de
ninguna decisión que cree el orden jurídico a partir de una
nada normativa—, sino más bien el resultado de un proceso
que se desarrolla en el tiempo «a través de luchas y agitacio-
nes», como señala Polibio (véase su *Historia de Roma*, VI, 10);
o, por decirlo con Maquiavelo, un orden que se produce «por
casualidad y en varias fases y según los accidentes» (véanse los
Discursos, I, 2). La estructura institucional se considera, por
tanto, el producto de un recorrido a menudo contradictorio

---

5. Véase G. W. F. Hegel, *Lineamenti di filosofia del diritto...*, *op. cit.*, p. 216.

en el cual la contingencia desempeña un papel de entidad, y la razón de los actores procede por pruebas y errores[6].

Estas características contribuyen a explicar por qué el realista no otorga demasiada importancia a las diferencias jurídicas entre formas de gobierno. El realista considera comunes, en efecto —más allá de las formas institucionales—, la sustancia social y la dinámica del poder; del mismo modo que problematiza los confines entre política interior y política exterior —entre paz y guerra—, relativiza también las diferencias entre formas de gobierno (tiránicas y republicanas, oligárquicas y democráticas). Maquiavelo, como es sabido, sitúa en el mismo plano el papel de la violencia en la génesis de los regímenes tiránicos y de las repúblicas libres: «Y quien se instala de tirano y no mata a Bruto, y quien hace un Estado libre y no mata a los hijos de Bruto, se mantiene poco tiempo» (véanse los *Discursos*, III, 3). Esta tesis evidencia la orientación del realismo radical, que obviamente no puede conciliarse con el constitucionalismo. Pues para él «la guerra no es la herida destinada a cicatrizarse en la "regularidad" de la política, sino el imborrable trasfondo de esta»[7].

La variante moderada del realismo, por el contrario, mantiene con el constitucionalismo una relación más matizada, aunque problemática siempre[8]. El realismo político y el

---

6. Para algunas consideraciones adicionales, véase mi «Il grande legislatore e il custode della costituzione», en P. P. Portinaro *et al.* (eds)., *Il futuro della costituzione*, Einaudi, Turín 1996, pp. 5-34.

7. Véase R. Esposito, *L'origine della politica. Hannah Arendt o Simone Weil?*, Donzelli, Roma 1996, p. 70 [hay trad. cast. de Rosa Rius Gatell, *El origen de la política. ¿Hannah Arendt o Simone Weil?*, Paidós Ibérica, Barcelona 1999].

8. Muy útil para explorar los territorios de frontera entre el realismo y el costitucionalismo resulta C. J. Friedrich, *Constitutional Reason of State*, Brown University Press, Rhode Island 1957.

constitucionalismo comparten, en efecto, una concepción pesimista de la naturaleza humana con relación al poder, pero divergen en sus valoraciones del alcance de los correctivos institucionales necesarios para contener los abusos. Por decirlo de forma sintética, el realismo plantea dos objeciones fundamentales a las filosofías del poder limitado: las acusa (i) de estar, por así decir, «obsesionadas» con los abusos de los macropoderes —también de no prestar atención a los desafíos que suben desde abajo, los cuales pueden resultar todavía más desestabilizadores para el orden político—, y (ii) de no tener en cuenta suficientemente la complejidad de las estrategias tanto de los macro-, como de los micropoderes, que con desenvoltura eluden los límites establecidos por los ordenamientos institucionales. Lo que distingue al realismo frente al constitucionalismo es, por un lado, la tesis de que la limitación del poder, si bien conjura las mayores violencias e injusticias, no es capaz de prevenir la entropía de la corrupción (en la medida en que el poder limitado y moderado es también un poder desarmado ante las fuerzas del mal); por otro lado, la tesis de que el mecanismo de la división de los poderes constituidos no incide en los poderes que actúan informalmente en los pliegues de la sociedad[9].

En su versión moderada —como doctrina de la dietética del poder—, el realismo político se acerca al constitucionalismo y a la teoría del gobierno de la ley. Desde Montesquieu hasta Tocqueville y Weber, hay un filón del realismo político moderno que se inserta en el liberalismo y se plantea el problema de equilibrar el poder, ya sea haciéndole asumir la forma del gobierno mixto —o del control de los aparatos

9. Véase M. Foucault, *Difendere la società..., op. cit.*

administrativos por parte de un órgano representativo— o bien la forma del dualismo entre burocratización y democracia plebiscitaria para conjurar el riesgo de una democracia «acéfala», a merced de los partidos y de las corporaciones. («En un Estado moderno, el *poder* real —que no se ejerce ni en los discursos parlamentarios, ni en las afirmaciones de los soberanos, sino en el *uso* cotidiano de la *administración*— está necesaria e inevitablemente en manos de la *burocracia*»[10]). El realismo político apunta, sobre todo, a poner de manifiesto los límites de la ingeniería institucional. Se contrapone a cualquier tipo de veleidad reformista y de enfoque utópico en materia de formas de gobierno. Max Weber ponía en guardia, en efecto, también sobre el hecho de que, «de tales formas, no pueden seguir creándose más y más a capricho; para los grandes Estados no hay sino un número limitado de las mismas. Para un político *realista*, la cuestión real que debe resolverse con relación a los cometidos políticos de la nación es cuál de esas formas de gobierno se adecúa, en cada caso, al correspondiente Estado»[11].

Hoy, sin embargo, la distancia entre el realismo y el constitucionalismo se antoja grande. La evolución del constitucionalismo en el siglo XX ha ido, en efecto, hacia una eticización de la constitución y una judicialización de la política que no son conciliables con el enfoque crudamente conflictualista de los herederos de Maquiavelo. Ante tales desarrollos, el

---

10. M. Weber, *Parlamento e governo nel nuovo ordinamento della Germania*, Einaudi, Turín 1982, p. 80 [en trad. cast. véase probablemente *id.*, *Escritos sobre la reorganización político-constitucional de Alemania (1918-1919)*, trad. de Joaquín Abellán, Tecnos, Madrid 2023; ed. original: *Parlament und Regierung im neugeordneten Deutschland. Zur politischen Kritik des Beamtentums und Parteiwesens*, Duncker & Humblot, Múnich/Leipzig 1918].
11. Véase *ibid.*, p. 67.

realismo no puede sino propugnar la restauración de una sobria concepción técnica de las instituciones, entendidas como instrumentos para la regulación del poder y para la prevención de sus abusos[12]. Aparte de que, frente a la orientación liberal clásica, el constitucionalismo contemporáneo se distancia del pesimismo antropológico para llegar a una concepción del derecho «dúctil»[13], lo que también constituye un motivo de profundo disenso con el realismo clásico, para el cual el derecho cumple una función represiva y no debe ser dúctil, sino adusto. Para contener la deriva humana hacia el mal y poner coto al desorden, hace falta intimidar a la «bestia» que hay en el hombre.

2. Las ficciones de la política

Se ha dicho que, en una de sus acepciones relevantes, «realismo» es sinónimo de «empirismo radical». Podemos definir, así, el realismo político como un empirismo que tiene por objeto los hechos del poder. Y a la mencionada acepción de «realismo» cabe reconducir la génesis misma de la ciencia política, disciplina que históricamente abre su propio camino y conquista su autonomía presentando batalla a las grandes ficciones de la metafísica «iuspublicista», por así decir (la soberanía, el contrato social, la voluntad general, el bien

---

12. Véase G. Sartori, *Ingegneria costituzionale comparata*, Il Mulino, Bolonia 1995, pp. 211 y ss.
13. Para una constatación del problema antropológico véase, sin embargo, G. Zagrebelsky, *Il diritto mite. Legge, diritti, giustizia*, Einaudi, Turín 1992, pp. 140 y ss. [hay trad. cast. de Marina Gascón, *El derecho dúctil. Ley, derechos, justicia*, reed. en Trotta, Madrid 1997].

común, la representación, la identidad de gobernantes y gobernados). Los procesos de monopolización del poder y del saber que están en la base de la edificación del Estado moderno representan, para el realismo, un campo experimental de extraordinaria relevancia; pero al realismo no le interesa tanto la ficción jurídica de la soberanía, como la pluralidad de los mecanismos disciplinarios que instauran y consolidan la obediencia en esas formaciones de masas que son los Estados modernos. No son, en efecto, los elegantes y geométricos tratamientos jurídicos de la soberanía, sino más bien los análisis de psicología política sobre los «mecanismos» cotidianos del poder[14], lo que nos permite comprender la vida concreta de los actores sociales y penetrar en los arcanos de los príncipes y de sus consejeros, de los cuerpos intermedios y de las oligarquías financieras, de los mediadores de consenso y de los empresarios de protección. La teoría de la soberanía —planteó Foucault— es por un lado un factor ideológico que disimula —más que enmascararlas— las dinámicas reales del poder, y por otro lado un instrumento poco maleable en la gestión de los conflictos: «La teoría de la soberanía permite basar un poder absoluto en el dispendio absoluto del poder, y no calcular el poder con el mínimo dispendio y la máxima eficacia posibles»[15].

Más ajena todavía al horizonte conceptual del realismo es la categoría de «contrato social», que para las teorías racionalistas del Estado constituye el fundamento de la soberanía. El realismo político no se ocupa, en efecto, del Estado

14. Uso este concepto en el sentido que le da J. Elster en su *Alquimias de la mente. La racionalidad y las emociones*, trad. cast. de Albino Santos Mosquera, El Roure, Esplugues de Llobregat (Barcelona) 2002, cap. I.
15. Véase M. Foucault, *Difendere la società..., op. cit.,* p. 37.

artificial, sino del Estado natural, que es producto de evolución y de luchas históricas. Se ocupa, por plantearlo en términos hobbesianos, no de la *commonwealth by institution* (o sea: no del ordenamiento resultante de un pacto de unión u obligación), sino de la *commonwealth by acquisition* (es decir: del régimen político que nace de una toma de posesión o de una ocupación)[16]. El discurso histórico de los realistas cuenta la historia de los reyes y de los poderosos, de las conquistas y usurpaciones, victorias y derrotas acaecidas en intentos de sujetar a los hombres a la «continuidad del poder a través de la continuidad de la ley», de «fascinarlos a través de la intensificación de la gloria de los ejemplos del poder y de sus gestas»[17]. Porque en el origen de los Estados y de sus transformaciones está la lucha por la supervivencia del colectivo, no la búsqueda del acuerdo entre individuos.

De manera análoga, para el realismo la noción de «bien común» carece de sentido si pretende determinar un punto objetivo de síntesis de los intereses de todos. La del bien común no es, conforme a la pauta del apólogo de Menenio Agripa[18], sino una ideología a través de la cual el interés de una parte de la sociedad se transfigura en interés general. En la ciencia política tal ideología se convierte, de hecho, en el blanco preferido de la crítica de los teóricos realistas, empezando por Joseph Alois Schumpeter. No cabe dar, en efecto, una definición unívoca de «bien común», ya que dicha expresión tendrá forzosamente «significados distintos para individuos y grupos

---

16. Véase T. Hobbes, *Leviatán, op. cit.,* XX.
17. Véase M. Foucault, *Difendere la società...,* p. 53.
18. Apólogo que todavía saca a colación D. Zolo en *Il principato democratico. Per una teoria realistica della democrazia, op. cit.,* pp. 48 y ss., criticando las teorías contemporáneas de la justicia que siguen la estela de John Rawls.

distintos». Pero aun si se llegara a una definición compartida, no por eso se estaría en condiciones de dar «respuestas igual de definidas a problemas concretos»[19].

Uno de los ejes de la moderna doctrina democrática es, como es sabido, el concepto de voluntad general. Una vez negada, sin embargo, «la existencia de un bien común unívocamente definido y discernible para todos» —que funja de foco hacia el cual converjan todas las voluntades individuales—, también la voluntad general se convierte en una quimera metafísica. El siguiente paso de la crítica schumpeteriana a la concepción clásica de la democracia consiste en poner en guardia frente a «la atribución de una autonomía y una racionalidad nada realistas a la voluntad del *individuo*». La observación empírica muestra, en efecto, que «el ciudadano medio, cuando se adentra en el terreno de la política, desciende a un peldaño inferior de rendimiento mental». Y ello por tres razones: (i) por «la presión de impulsos y prejuicios extrarracionales e irracionales», (ii) por la ausencia tanto de un control lógico de los procesos mentales aplicados a la política, como de una verificación directa de la experiencia con relación a la complejidad de las situaciones, y (iii) por la manipulación informativa y por la influencia que ejercen «grupos interesados en aprovechar la situación»[20].

La teoría de la democracia se pasa, así, por el filtro del realismo político: si «el método democrático crea la legislación y la administración como subproductos de la lucha de competición por el poder político»[21], el *prius* sigue siendo,

19. Véase J. A. Schumpeter, *Capitalismo, socialismo e democracia, op. cit.,* pp. 240-241.
20. Véase *ibid.*, pp. 242 y 250.
21. *Ibid.*, p. 273.

también aquí, el conflicto; de ahí que el resultado no pueda sino estar estructuralmente contaminado por los venenos que la competición por el poder libera. La pretendida racionalidad de la elección democrática está subordinada a factores irracionales: no es la argumentación racional, sino la manipulación de las emociones, el elemento decisivo en la competición estratégica. Por lo demás, también en la base de la idea de representación encontramos dos asunciones que han terminado en la mira de la corrosiva crítica de los realistas. La primera postula el carácter ascendente del poder, su investidura desde abajo; la segunda se refiere al carácter aristocrático de la representación, a la idea de que, con la selección, al final se escoge a los mejores. El realismo pone en entredicho ambas asunciones planteando que las personas elegidas para cargos son una minoría y no necesariamente las mejores. El ambiente y las modalidades de la competición política favorecen, de hecho, la selección de individuos en los que predominen la venalidad, la ambición y la voluntad de poder[22].

La constatación de que quienes gobiernan son siempre pocos es, desde luego, tan vieja como el pensamiento político. Aristóteles, aun en el marco de una consideración de la polis democrática como el espacio en el que se hace efectiva la identidad entre el gobernar y el ser gobernado, reconoce que los cargos relevantes al final terminan en manos de un pequeño grupo de ciudadanos. El aparato teórico de la razón

---

22. Sobre la versión realista de la teoría democrática véase por lo menos G. Sartori, *The Theory of Democracy Revisited*, Chatham House, Chatham 1987, e *id.*, *¿Qué es la democracia?*, trad. cast. de Miguel Ángel González Rodríguez, María Cristina Pestellini Salomon y Miguel Ángel Ruiz de Azúa, Taurus, Madrid 2007.

de Estado describe el Palacio como un lugar cerrado, protegido por «nieblas» que impiden a la Plaza penetrar en sus secretos, y lo presenta como el teatro de la acción de unos pocos (el príncipe y sus ministros, consejeros y cortesanos). En la era de la democracia, el realista se complace echando abajo esa ilusión de que el poder ahora pertenece a todos: partiendo de una constatación ampliamente compartida, se dilucida la doctrina de las élites o minorías organizadas, que encuentra en Gaetano Mosca y en Vilfredo Pareto sus sistematizadores[23]. Ya un siglo antes, sin embargo, John Caldwell Calhoun, analizando con *vis polemica* el primer sistema democrático a gran escala —el estadounidense—, había formulado el principio de la superioridad de la minoría organizada sobre la mayoría desorganizada, reconociendo la existencia de una clase de profesionales de la política[24].

En la teoría política del siglo XX, corresponde a Max Weber el mérito de hacer ver que el proceso decisorio democrático tiende inevitablemente a asumir un cariz cesarista, transformando cualquier elección en una suerte de plebiscito: «El plebiscito no es una "votación" o "elección" común, sino que es la profesión de una "fe" en la vocación de jefe de aquel que pretende para sí tal aclamación»[25]. De manera que ni siquiera en democracia es el pueblo quien elige, sino una minoría quien se hace elegir. Y el grado de democraticidad de un régimen político reside por completo en la modalidad de ese hacerse elegir, en la distinta mezcla de

---

23. Véase N. Bobbio, *Saggi sulla scienza politica in Italia, op. cit.*
24. Véase M. L. Salvadori, *Potere e libertà nel mondo moderno. John C. Calhoun: un genio imbarazzante*, Laterza, Roma/Bari 1996, pp. 106 y ss.
25. Véase M. Weber, *Parlamento e governo nel nuovo ordinamento della Germania, op. cit.,* pp. 112 y 166.

razones y emociones, en la tutela institucional de un pluralismo efectivo, en la eficacia de los procedimientos. Toda teoría realista de la democracia reconoce la superioridad de un dispositivo institucional de selección de los jefes que prevea la competición entre individuos sobre la base de programas políticos, pero tiende a redimensionar el peso de los argumentos considerando el de los intereses y las emociones, a poner de manifiesto la autorreferencialidad del sistema político, la neutralización del consenso y, por tanto, la expropiación de los ciudadanos por parte de las oligarquías de los partidos, de los medios de comunicación y del mercado[26].

3. La crítica de las ideologías

La modernidad ha mostrado en su imaginario ideológico, como ya pusimos de relieve, cierta hostilidad al principio de realidad. Ella se sitúa —por retomar célebres diagnósticos— más bien bajo el signo de la posibilidad. En su proyección hacia el futuro, en su oscilación entre la experiencia y la expectativa, el sentido de la posibilidad termina por oscurecer el de la realidad. El hecho mismo de que múltiples diagnósticos de la modernidad —nostálgicos o trágicos— tengan su denominador común en el advenimiento de la economía y de la técnica, permite comprender este triunfo de la posibilidad. En la dimensión económica y técnica se prefiguran, en efecto, escenarios que la razón política no osaría imaginar. Aunque la política se haya presentado con frecuencia

---

26. Véase D. Zolo, *Il principato democratico. Per una teoria realistica della democracia, op. cit.,* pp. 142 y ss.

como el arte de lo posible, a los clásicos les resultaba obvio que tal arte se ejerce en un espacio delimitado y preconstituido por las duras leyes de la necesidad.

Lo que se ha convenido en calificar de «proyecto político de la modernidad», puede sintetizarse en la apuesta por la economía, el derecho y la moral como vectores civilizatorios del poder[27]. El realismo, sin embargo, se muestra escéptico sobre la profundidad e irreversibilidad de este proceso. Si la realidad política es intrínsecamente poder, conflicto, orden y jerarquía, eso tiene, respecto a los valores, unas implicaciones muy concretas que nos permiten entender mejor la fractura entre el realismo y las coordenadas ideológicas de la modernidad: el pacifismo, el solidarismo, el igualitarismo, el anarquismo. El realista es muy consciente —quede dicho de una vez por todas— de que el deseo y la esperanza son un gran motor de transformación histórica, y de que en la acción política no cabe llegar a lo posible sin haber aspirado a lo imposible. Pero una vez reconocido el papel del imaginario de cara a orientar las acciones humanas, se muestra implacable en su diagnóstico de una «heterogénesis de los fines» y de eso que se ha llamado la «triple frustración de la acción»: la imprevisibilidad del resultado, la irreversibilidad del proceso, y la anonimidad —y, por tanto, irresponsabilidad— de los autores[28].

En la base de las ideologías modernas y del proyecto utópico de la modernidad están el postulado de la igualdad de los hombres y la fe en la potencialidad de la razón para reformar

27. Véase J. Habermas, *Facticidad y validez. Sobre el derecho y el Estado democrático de derecho en términos de teoría del discurso*, trad. cast. de Manuel Jiménez Redondo, reed. en Trotta, Madrid 1998.
28. Véase H. Arendt, *Vita activa, op. cit.,* pp. 192-195.

las estructuras sociales en sentido igualitario (aunque sea conforme a modalidades y con resultados diversos). Lo cierto es que incluso la utopía sabe que ha de transigir con los métodos de la razón de Estado, como en seguida revela un análisis de las obras paradigmáticas del género, desde Moro a Campanella[29]. Pero el rasgo distintivo del pensamiento utópico es la confianza en la posibilidad de eliminar o racionalizar las desigualdades sociales. Y esa fe choca radicalmente con la asunción fundamental del realismo, asunción que puede sintetizarse en la siguiente fórmula: «Todo pensamiento político debe partir del principio de la desigualdad originaria de los hombres»[30]. El realismo se atiene, en efecto, al principio —tanto fáctico, como normativo— de las grandes desigualdades: de propiedad, de poder, de saber. Los hombres son desiguales por dotación natural, y la sociedad no hace sino acentuar las desigualdades. El reconocimiento de las desigualdades es, por otro lado, un factor de integración y de dinamismo, un principio de orden y de desarrollo de la sociedad: la igualdad jurídica de los individuos no es —igual que ocurre con la igualdad de los Estados— ningún presupuesto natural, sino un producto histórico del desarrollo de la humanidad, y ejerce una influencia positiva únicamente si se combina con el reconocimiento de desigualdades más sustanciales. Por muy distintas que puedan ser las formas institucionales que organizan la convivencia, todas tienen en

29. Ya F. Meinecke mostraba, en *L'idea della ragion di Stato nella storia moderna, op. cit.,* p. 98, la contaminación de maquiavelismo y utopía que se da en Campanella; consideraciones análogas sobre Moro hace G. Ritter en *Il volto demoniaco del potere, op. cit.,* pp. 56 y ss.
30. Véase H. Treitschke, *La politica,* Laterza, Roma/Bari 1918, I, p. 21 [ed. original: *Politik. Vorlesungen gehalten an der Universität zu Berlin,* Hirzel, Leipzig 1897-1901, varios vols.].

común el hecho de que siempre son pocos quienes detentan el poder efectivo. Los realistas, aun siendo hijos de épocas democráticas, o quizás precisamente por serlo —Tucídides y la democracia ateniense, Maquiavelo y la República de Florencia, Tocqueville y la democracia estadounidense, Weber y la democratización alemana—, terminan llegando inevitablemente a la «ley de hierro de la oligarquía».

Una de las grandes aportaciones científicas del realismo moderno es, sin lugar a dudas, la crítica de las ideologías. No es casual que fueran estudiosos realistas de la sociedad como Marx y Pareto quienes concibieran, aunque con finalidades divergentes, los más ambiciosos programas de crítica de las ideologías[31]. Pero, como ya un análisis limitado a las obras de dichos estudiosos podría mostrar, la relación entre el realismo y la ideología no se configura simplemente en términos de oposición y exclusión recíproca. Para empezar las ideologías presentan, ya de suyo, un carácter fundamentalmente dúplice y combinan sin complejos realismo y proyección utópica. Y a eso se añade que el realismo corre el riesgo de, dejándose arrastrar por su vocación polémica y desmistificadora, ser absorbido por el remolino ideológico y convertirse, él mismo, en ideología. No contra todas las ideologías de la modernidad dispara, en efecto, de manera ecuánime sus dardos el realismo: mientras que con dos de tales ideologías —con el liberalismo y con el socialismo— está prácticamente en términos de colisión abierta, con el conservadurismo y con el nacionalismo mantiene, en cambio, una relación preferente. La idea de la constancia de la naturaleza humana y

---

31. Véase N. Bobbio, *Saggi sulla scienza politica in Italia, op. cit.,* aquí reed. de 1996, pp. 79-122.

de la inmutabilidad de algunas tendencias fundamentales del proceso histórico orienta al realismo, en efecto, hacia una forma universal de conservadurismo. De hecho, a partir de la Revolución francesa este paradigma ha venido aliándose con el conservadurismo y casi confundiéndose con él, al compartir su animadversión contra las «ilusiones el progreso».

Postulando la separación de economía y política, y sobre todo atribuyendo al elemento político un valor sencillamente residual, la era liberal diríase que clausura la época del realismo clásico; pero en el código del liberalismo sigue bien reconocible ese pesimismo antropológico cristiano que informa el pensamiento de Montesquieu: «Todos los hombres son bestias; los príncipes son bestias sin encadenar»[32]. Contra lo que propugnan los doctrinarios del antiliberalismo[33], la ideología liberal no se basa, en efecto, en un optimismo indiferenciado, sino en una antropología diferencial: el *homo oeconomicus* tiende a la cooperación, pero la querencia del *homo politicus* apunta a la prevaricación y al conflicto; de resultas de lo cual, el mercado es un instrumento de integración, pero el poder es un factor de división y corrupción. Sobre la base de la preocupación que comparten por la tendencia al abuso —tendencia intrínseca a toda concentración de poder—, entre ambas concepciones del mundo —la liberal y la realista— cabe, desde luego, una entente[34]. Precisamente por su actitud crítica hacia la mediación económica y jurídica,

---

32. Véase C. L. de Montesquieu, *Oeuvres complètes*, vol. I, Gallimard, París 1949, p. 1 437.
33. Véase C. Schmitt, «Il concetto di "politico"», en *id.*, *Le categorie del «politico», op. cit.*, pp. 143 y ss. (La cuestión se discute en S. Holmes, *Anatomía del antiliberalismo*, trad. de Gonzalo del Puerto, Alianza Editorial, Madrid 1999).
34. Véase L. A. von Rochau, *Grundsätze der Realpolitik*, Ullstein, Frankfurt del Meno 1972; sobre la variante realista del liberalismo véase R. Dworkin y

el realismo se sitúa, sin embargo, en conflicto abierto con el liberalismo: no puede aceptar su afirmación —y mucho menos su idealización— de una primacía de la sociedad civil[35].

En términos aún más radicales se contrapone al realismo, por su concepción igualitaria de la sociedad, el socialismo; porque, para el realismo, el fin de una igualdad económica generalizada no solamente es utópico, sino autodestructivo. La representación del «reino de la libertad» marxiano, esto es, de una sociedad liberada de la organización coercitiva del trabajo —carente, por tanto, de clases y de Estado—, tal representación es obviamente lo más lejano que pueda imaginarse de un paradigma fundamentado en los postulados de la insuperabilidad de la lucha y la necesidad de la jerarquía. Ahora bien: si en el plano de las asunciones antropológicas de fondo —y en el de la filosofía de la historia— el socialismo rechaza la orientación realista, lanzando además sobre ella la acusación de que representa una deformación ideológica de la realidad y, por tanto, una «falsa conciencia», en su vertiente de técnica de dirección de las masas no duda en adoptar —y a veces, incluso radicalizar— las máximas del arte de gobernar que maduró en la escuela de la razón de Estado, razón que pasa a serlo de Estado-partido[36].

S. Maffettone, *I fondamenti del liberalismo*, Laterza, Roma/Bari 1996, pp. 133 y ss.

35. Dicha idealización se ha vuelto especialmente obvia en el discurso del liberalismo contemporáneo, con su énfasis en los derechos de los individuos y en los deberes de los colectivos; véase, para todos, J. Rawls, *Teoría de la justicia*, trad. cast. de María Dolores González, reed. en Fondo de Cultura Económica, Madrid 1997.

36. No es casual que fueran los sistemas del socialismo real quienes escribieran, en el siglo XX, un nuevo capítulo en la historia del maquiavelismo; véase R. Aron, *Machiavelli e le tirannie moderne* (*cf. id.*, «Le machiavélisme, doctrine des tyrannies modernes», artículo de 1940), Seam, Roma 1998.

Por ese motivo, las prácticas políticas de los sistemas socialistas se convirtieron, para los herederos de Maquiavelo del siglo XX, en un campo de investigación preferente sobre la «verdad efectiva de la cosa». Las inercias cognitivas, los autoengaños, las falsificaciones deliberadas y las presunciones de omnipotencia que caracterizan el universo mental del revolucionario que ostenta el poder, no son sino formas extremas de constantes antropológicas que el realismo había aprendido a reconocer hacía ya mucho tiempo. Como observaba Morgenthau...

> Cuando la mente humana se acerca a la realidad con el objetivo de actuar, es desviada por cuatro fenómenos mentales típicos: los residuos de modos de actuar y de pensar anteriormente adecuados, pero ya obsoletos; las interpretaciones demonológicas de la realidad, que sustituyen con una realidad ficticia —poblada de hombres malvados, y no de cuestiones aparentemente insondables— la realidad presente; el rechazo a asumir un estado de cosas amenazador —negándolo a través de ilusorios juegos verbales—, y la confianza en la infinita maleabilidad de una realidad aparentemente turbulenta[37].

El realismo político constituye, en la medida en que se propone abordar estas patologías seriamente, un formidable antídoto contra el pensamiento ideológico. Devuelve su sitio debido a la lógica de lo concreto en detrimento de la lógica de lo abstracto, a los imperativos del interés en detrimento de los imperativos de la moral, a las razones de los hombres en detrimento de las razones de las leyes. Los

---

37. H. J. Morgenthau, *Politica tra le nazioni...*, *op. cit.*, p. 11.

autores que apelan a las lecciones de la historia no apuestan, en efecto, por la elaboración de teorías generales, sino por la reflexión sobre la conducta y la capacidad de decisión de hombres concretos en situaciones particulares. Si el realista se muestra crítico con el dogmatismo, no menos fascinado está con la cualidad del juicio. Reflexionando sobre las experiencias de los grandes estadistas de las democracias liberales, Isaiah Berlin localizó el secreto de su éxito en la capacidad —que no puede «enseñarse»— de «entender el carácter de determinado movimiento, de determinado individuo, de una coyuntura única, de una combinación dada de factores económicos, políticos, personales». Este estudioso sostenía, por otro lado, que fueron los dictadores del siglo —Lenin, Stalin, Hitler— quienes «minaron la confianza en una ciencia atendible de las relaciones entre los hombres»[38].

Tal conclusión bien podría considerarse una síntesis de la disputa habida en el siglo XX sobre las ciencias histórico-sociales. En ella fueron desintegrándose paulatinamente las certezas que la filosofía cientificista de la sociedad moderna venía alimentando desde la Ilustración, quedando así desacreditadas las promesas del positivismo decimonónico. Ya a comienzos del mencionado siglo XX, Max Weber se había posicionado contra una ciencia social entendida como ciencia de leyes, contraponiéndole el paradigma de una «ciencia de realidad»[39].

Uno de los caballos de batalla del realismo político contemporáneo ha sido, desde Morgenthau hasta Hayek, la

---

38. Véase I. Berlin, «Il giudizio politico», *op. cit.,* pp. 93 y 90.
39. Véase M. Weber, *Saggi sulla dottrina della scienza*, De Donato, Bari 1980, p. 7.

polémica contra la Ilustración sociológica, contra el dogma tecnocrático, contra las ilusiones del constructivismo, contra la aplicación de la ciencia a la política. No hay ningún nexo —y, si lo hay, es debilísimo— entre explicación y previsión en ciencias sociales. Y la ingeniería política se ve obligada, en su intento de alcanzar el objetivo de someter a un control empírico correlaciones del tipo *Si equis, entonces i griega*, a expurgar de su ámbito —condenándose a la futilidad— el conflicto de la acción estratégica. «En el terreno de la actuación política», sentencia en cambio el realista Berlin, «leyes prácticamente no hay: las capacidades lo son todo»[40].

4. Contra la utopía cosmopolita

Desde que el pensamiento moderno repropuso el género literario de las utopías y la Ilustración dirigió su crítica a las ideologías del poder, el pacifismo y el cosmopolitismo han acompañado el desarrollo del proyecto político de la modernidad. Dentro de él, la idea de que es posible dejar atrás la guerra viene adquiriendo, junto a la del pluralismo de los Estados soberanos, un papel cada vez más central. Y uno de los vectores que guían el pensamiento político moderno está constituido, en efecto, por las utopías de la paz[41]. A partir de Kant, la idea de un antagonismo entre forma republicana y guerra, la sujeción del derecho internacional a una (con)federación de Estados libres y el reconocimiento

---

40. Véase I. Berlin, «Il giudizio politico», *op. cit.,* p. 92.
41. Véase D. Archibugi y F. Voltaggio (eds)., *Filosofi per la pace*, Editori Riuniti, Roma 1991.

de un derecho cosmopolita de los individuos pasan a ser las bases sobre las que edificar las propuestas del «pacifismo institucional»[42].

De manera que es en el futuro de la guerra donde se juega la partida de la superación del realismo. Es verdad que las premisas antropológicas de este paradigma, que le impiden contemplar siquiera la hipótesis de una superación de las pulsiones agresivas que están en la raíz de los conflictos armados, son demasiado fuertes como para poder dejarse sin más al margen[43]. No es casual que, como evidencia la tentativa de Kant, el pensamiento político moderno acepte el desafío en el mismo plano. No se trata, en efecto, de alimentar demasiadas ilusiones —cultivadas, en cualquier caso, por las diversas familias del pacifismo «finalista», de cuño religioso— sobre un enderezamiento del «fuste torcido de la humanidad» a través de un proceso de moralización, sino de construir instituciones supranacionales y mecanismos de compensación de los intereses que pongan remedio al azote de la guerra. Pero el gran obstáculo reside en la soberanía de los Estados, unos sujetos públicos que no están dispuestos a renunciar a porciones consistentes de su poder para permitir la consolidación de un *tertius super partes*. El tradicional escepticismo de los realistas ante posiciones de neutralidad, y de tercería no respaldada por una fuerza adecuada, se sigue aduciendo

---

42. Sobre los términos generales del problema véanse por lo menos I. Kant, *Per la pace perpetua, op. cit.,* y N. Bobbio, *El problema de la guerra y las vías de la paz,* trad. cast. de Jorge Binaghi, reed. en Gedisa, Barcelona 2000.

43. De hecho en la cultura contemporánea las ha vuelto a planear —con variantes no sustanciales— la etología; véase I. Eibl-Eibesfeldt, *Guerra y paz. Una visión de la etología,* trad. cast. de Rosa Pilar Blanco, reed. en Salvat, Barcelona 1995, y J. Groebel y R. A. Hinde (eds.)., *Aggression and War. Their Biological and Social Bases,* Cambridge University Press, Cambridge/Nueva York 1989.

—de manera ejemplar con Hegel[44]— contra la hipótesis de una liga para la paz.

Las ilusiones del pacifismo institucional, contra cuyas asunciones el realismo político se ha manifestado repetidamente, pueden resumirse en tres tesis fundamentales: (I) que en condiciones normales es posible prevenir los conflictos —sean estos de la naturaleza que sean— a través de órganos de gobierno mundial; (II) que siempre es dado transformar los conflictos políticos en controversias jurídicas y hacerlos, por tanto, «judicializables», es decir, dirimibles mediante un procedimiento (cuasi)judicial, y (III) que en supuestos donde ni siquiera eso baste, la comunidad internacional dispone de instrumentos de sanción moral o económica suficientes y creíbles con los que doblegar la voluntad de los Estados renuentes al derecho. La experiencia del siglo XX —donde, por primera vez en la historia, estos principios no solo han sido teorizados, sino que también se han traducido en decisiones políticas e instituciones— constituye un banco de pruebas bastante elocuente sobre la validez de las asunciones (totalmente opuestas) del realismo político.

La historia del siglo XX está jalonada, toda ella, de decepciones y fracasos que tienen por objeto el proceso de «civilización» de las relaciones internacionales y la operatividad de una organización colectiva para la seguridad (y termina con una guerra que ratifica la impotencia del actor universal de cara a prevenir y resolver una crisis internacional y oponerse a explosiones de macrocriminalidad colectiva). El derrumbe de las esperanzas sobre una civilización del sistema internacional

---

44. Véase G. W. F. Hegel, *Lineamenti di filosofia del diritto...*, *op. cit.*, § 333, pp. 261-262.

tras las «ilusiones del progreso» de la era liberal, se produce con la Primera Guerra Mundial. La respuesta institucional a la tragedia de dicho conflicto es la edificación de la Sociedad de las Naciones, y es precisamente a partir de ahí cuando se inicia la controversia entre las dos doctrinas destinadas a enfrentarse durante todo el siglo: el internacionalismo (o idealismo) y el realismo[45]. Pero la fase internacionalista de tras la Primera Guerra Mundial es breve y accidentada, y el regreso del realismo político a partir de la década de 1930 debe entenderse como una respuesta al idealismo fallido de la Sociedad de las Naciones y de la ideología a la misma subyacente (el wilsonianismo estadounidense). A la tragedia todavía más atroz de la Segunda Guerra Mundial se responde institucionalmente con la Organización de las Naciones Unidas; pero en seguida se encarga de volver a helar las renovadas esperanzas del internacionalismo la Guerra Fría, que condena al actor universal a un papel marginal y declamatorio. A partir de 1989, el fin del bipolarismo alimenta durante un breve periodo la utopía de un nuevo orden cosmopolita; pero el progresivo deterioro de la situación mundial revitaliza los planteamientos del realismo político: la comunidad internacional se muestra incapaz de llevar a efecto la debatidísima y anheladísima reforma de la ONU, así como de poner remedio al declive de dicha institución[46]. Ya la mera reaparición en el discurso público del tema del interés nacional —en cuanto interés por la supervivencia, la integridad, la seguridad y el

---

45. Véase J. H. Herz, *Political Realism and Political Idealism. A Study in Theories and Realities*, The University of Chicago Press, Chicago 1951.
46. Véase E. O. Czempiel, *Die Reform der* UNO. *Möglichkeiten und Missverständnisse*, Beck, Múnich 1994.

bienestar del Estado— constituye un indicador lo bastante elocuente sobre el cambio de perspectiva.

Sobre la base de estos desarrollos, la expresión «realismo político» ha venido asumiendo en el debate contemporáneo una acepción más especializada: la de una corriente de estudios —la principal, de hecho— del ámbito de las relaciones internacionales. El máximo representante de esta corriente es Hans. J. Morgenthau, en cuya obra *Política entre las naciones. La lucha por el poder y la paz* (1948) confluyen las mayores tradiciones clásicas y modernas de reflexión sobre la política internacional. En dicha política rigen, según Morgenthau —a pesar de su «ambigüedad» constitutiva—, «leyes objetivas que tienen su origen en la naturaleza humana»; se trata, por consiguiente, de poner de manifiesto «los elementos racionales» de dicha política internacional, a fin de hacerla inteligible para la teoría identificando, en el «interés definido como poder», el principio guía de la acción de los Estados[47]. Dicho de otro modo: el realismo político no infravalora el papel de lo irracional en la historia, pero apunta a elaborar directrices para un Estado que quiera comportarse como un ente racional. Tratando cuestiones relativas a la seguridad, semejante actor debe tener claro cuáles son (I) los intereses a proteger, (II) las amenazas que hacen peligrar tales intereses y (III) los medios con que estos se persiguen y se hace frente a las amenazas[48].

---

47. Véase H. J. Morgenthau, *Politica tra le nazioni..., op. cit.,* pp. 6, 15, 16 y 35. Sobre la relación entre moralidad e interés nacional desde una perspectiva realista afín, *cf.* F. E. Oppenheim, *The place of morality in foreign policy*, Lexington Books, Lexington (Massachusetts) 1991.

48. Véase M. Cesa, «Sicurezza e relazioni internazionali: il paradigma realista rivisitato», en *Rivista Italiana di Scienza Politica*, n.º 2 (1991), p. 232.

El realismo en general corrobora, cuando se aplica a la teoría de las relaciones internacionales, que la política internacional se desarrolla bajo el signo de la fuerza o de la amenaza de su uso, sin que tenga demasiado peso consideraciones dictadas por el derecho o por la moral; pero el elemento específico reside en la crítica al sistema internacional de seguridad previsto primero por la Sociedad de las Naciones y después —con variantes significativas, pero no decisivas— por la ONU. Para funcionar como un dispositivo de prevención de la guerra, el sistema de seguridad colectiva debe satisfacer, en efecto, tres requisitos: (i) ha de estar en condiciones de movilizar, en cualquier situación en que la paz se vea amenazada, una fuerza militar tan exorbitante que pueda desalentar a cualquier agresor o retador; (ii) ha de basarse en una concepción compartida de la seguridad colectiva y del derecho internacional la cual incluya a todas las naciones, y (iii) es necesario que las naciones —grandes potencias incluidas— estén efectivamente dispuestas, dado cualquier conflicto concreto, a subordinar al bien común de la seguridad internacional sus intereses políticos enfrentados. Las experiencias de la Sociedad de las Naciones en un primer momento, y de la Organización de las Naciones Unidas posteriormente, diríase que han mostrado cuántos obstáculos plantean para la realización simultánea de estas tres condiciones las constantes estructurales del pluriverso político[49].

49. Véase H. J. Morgenthau, *Politica tra le nazioni..., op. cit.,* p. 408; pero resulta significativo que estos mismos argumentos los retomara un autor alejado de las premisas epistemológicas y axiológicas del realismo clásico como era D. Zolo. (*Cf.* su *Cosmópolis. Perspectiva y riesgos de un gobierno mundial,* trad. cast. de Rafael Grasa y Francesc Serra, Paidós Ibérica, Barcelona 2000).

La alternativa que Kelsen propugnó para el problemático funcionamiento de un sistema de seguridad colectiva —una alternativa que, queriendo ser más realista, termina siéndolo menos— consiste en tratar de soslayar el obstáculo de la resistencia de los Estados a la centralización del sistema internacional mediante un proceso de concentración paulatina que se inicie con la institución de un tribunal internacional de jurisdicción obligatoria. También esta vía del pacifismo institucional se ha revelado, sin embargo, hasta la fecha harto decepcionante en lo que a eficacia se refiere. Porque Kelsen tal vez tenga razón cuando sostiene que «no puede haber legislador sin juez, mientras que sí que puede haber perfectamente juez sin legislador»[50]; pero se equivoca al infravalorar el papel del poder ejecutivo y al proponer una ingenua analogía entre la evolución de los sistemas jurídicos arcaicos y la evolución del sistema internacional, ya que el sistema internacional descentralizado debe competir, a diferencia de lo que ocurría en las sociedades arcaicas, con ordenamientos jurídicos centralizados —y consecuentemente más evolucionados— como son los estatales. A falta de coaliciones políticas interesadas en la aplicación de las sentencias del tribunal internacional, los Estados pueden seguir ejerciendo sus prerrogativas soberanas sin que eso les suponga un gran perjuicio. Ante la creciente demanda de tribunales internacionales, el realista no puede dejar de advertir el peligro de que lo único que con eso se consiga sea incentivar la dinámica de la *inflación judicial,* fenómeno que ya cabe

---

50. Véase H. Kelsen, *La pace attraverso il diritto,* Giappichelli, Turín 1990, p. 60 [hay trad. cast. de Luis Echávarri, *La paz por medio del derecho,* Trotta, Madrid 2003; ed. original: *Peace Through Law,* The University of North Carolina Press, Chapel Hill 1944].

constatar ampliamente en la evolución de los sistemas jurídicos nacionales, donde el componente simbólico de la jurisdicción tiende a tomar la delantera sobre el componente instrumental, y la máquina de la justicia se está haciendo cada vez más compleja, costosa e ineficaz desde el punto de vista del poder sancionatorio y, por consiguiente, disuasor.

No es de extrañar, así las cosas, que, en vista de tales fracasos —y de las novedades que representan las (múltiples) transformaciones experimentadas por el sistema internacional a lo largo de este siglo—, últimamente el concepto de anarquía haya vuelto a ser, en el debate sobre las relaciones internacionales, un blanco polémico de primer orden[51]. El concepto clave sigue siendo, también para el realismo contemporáneo, el de «anarquía internacional»[52]; pero la anarquía no implica que haya que considerar incapaz de ningún tipo de orden al sistema internacional. El realista político es perfectamente consciente, ya desde los análisis de Tucídides sobre la hegemonía, de que no hay anarquía «pura» o «perfecta», sino que el sistema internacional siempre está estructurado jerárquicamente. De hecho el paradigma realista ha demostrado, con una serie de revisiones que no cambian su meollo, su capacidad de incorporar las novedades y de ofrecer explicaciones para las transformaciones en

51. R. G. Gilpin observa, en su artículo «No One Loves a Political Realist» —en B. Frankel (ed)., *Realism: Restatements and Renewal*, Frank Cass, Londres 1996, pp. 3-26—, que la agresión al realismo político volvió a adquirir especial vigor tras la derrota del marxismo (tras la eliminación, por tanto, del tradicional adversario de la corriente liberal); para una síntesis de las críticas véase L. Bonanate, *Etica e politica internazionale*, Einaudi, Turín 1992.
52. Véanse H. Bull, *The Anarchical Society*, Macmillan, Londres 1977 [hay trad. cast. titulada *La sociedad anárquica. Un estudio sobre el orden en la política mundial*, Catarata, Madrid 2005], y K. N. Waltz, *Theory of International Politics*, McGraw Hill, Nueva York 1979.

curso[53]. Concretamente lo que se ha dado en llamar y se ha autodenominado «neorrealismo», se ha propuesto abordar de manera sistemática los nuevos hechos de la política internacional, a saber, (i) la evolución en sentido liberal-democrático —«republicano» en términos de Kant— de la gran mayoría de los Estados, (ii) la evolución del derecho internacional y la proliferación de organizaciones y «regímenes» internacionales, y (iii) la consiguiente crisis estructural de la soberanía de los Estados[54].

Es indudable que, ya desde la época de la Guerra Fría —pero de forma aún más acelerada desde su fin—, la mayoría de los Estados han perdido el control de la política exterior y han asistido al surgimiento de otros actores relevantes (organizaciones internacionales, empresas multinacionales, coaliciones transgubernamentales, asociaciones y burocracias transnacionales...). A la luz de tales transformaciones —que han debilitado *de facto* y *de iure* la soberanía de los Estados y han redimensionado exigencias de poder y seguridad en beneficio de objetivos económicos de cooperación internacional como el fomento del crecimiento, del empleo o de la estabilidad de las divisas y los precios—, el refuerzo de los órganos de gobierno mundial parecería la consecuencia

---

53. Véanse los textos reunidos en B. Frankel (ed)., *Realism: Restatements and Renewal, op. cit.* P. Diehl y F. Waymann (eds)., *Reconstructing Realpolitik*, University of Michigan Press, Ann Arbor 1994; M. Brown, S. M. Lynn-Jones y S. E. Miller (eds)., *The Perils of Anarchy: Contemporary Realism and International Security*, MIT Press, Cambridge 1995, y J. A. Vasquez, *The Power of Power Politics. From Classical Realism to Neotraditionalism*, Cambridge University Press, Cambridge/Nueva York 1998.

54. Véase R. O. Keohane (ed)., *Neorealism and its Critics*, Columbia University Press, Nueva York 1986; sobre la relación entre realpolitik y democracias véase en particular A. Panebianco, *Guerrieri democratici. Le democrazie e la politica di potenza*, Il Mulino, Bolonia 1997.

natural e inevitable. Lo cierto es, sin embargo, que los Estados siguen prefiriendo, frente a una opción tan lineal, compensar de la pérdida de su soberanía integrándose en organizaciones regionales —que son también alianzas militares—, potenciando regímenes internacionales (descentralizados) y haciendo un uso estratégico de recursos que el entorno internacional pone a su disposición. Eso atenúa, sin eliminarla, la situación de anarquía y debilita, por tanto, el interés de los actores en abandonar una situación que ofrece cierto número de garantías y, al mismo tiempo, una abanico de opciones estratégicas más amplio. En la medida, por lo demás, en que el pacto originario de obligación nacional mantiene su vigencia —ese *protego ergo obligo* que hay en la base de los vínculos de ciudadanía—, ni los individuos ni las naciones tienen interés en denunciarlo para sustituirlo por un pacto de obligación internacional, más incierto en sus garantías de seguridad.

Por el contrario, donde el Estado se disuelve y aquel pacto primero deja de regir, también dejan de darse las condiciones mínimas para la instauración de pactos que no sean los que tienen por objeto el sometimiento, la no agresión o la defensa. Se reproduce, así, la aporía originaria del «estado de naturaleza» hobbesiano: en la medida en que los individuos permanecen en el estado de anarquía jurídica, no se dan las condiciones para la instauración de pactos válidos; pero, donde estos se presuponen, su existencia misma condiciona y debilita la validez de ulteriores pactos. Estas son las razones que explican que el modelo de la anarquía haya tenido tan buena acogida, durante tanto tiempo, entre los teóricos de las relaciones internacionales. El paradigma realista ha resistido, en resumidas cuentas, también en este ámbito al reiterado ataque de modelos teóricos opuestos y competidores suyos, por muy claro que esté que, en cualquier fase de su desarrollo —y aun en las condiciones extremas de la guerra—, el sistema internacional ofrece de sí mismo una imagen más compleja que la de un estado bélico asocial de todos contra todos.

Bibliografía

ABBAGNANO, N., *Dizionario di filosofia*, Utet, Turín 1968 [trad. cast. de Alfredo N. Galletti, *Diccionario de Filosofía*, Fondo de Cultura Económica, Ciudad de México 1963].

ACCETTO, T., *Della dissimulazione onesta* (1641), Einaudi, Turín 1997.

ACTON, J. E. E. D., *Essays on Freedom and Power*, Free Press, Glencoe 1948 [trad. cast. de Paloma de la Nuez, *Ensayos sobre la libertad y el poder*, Unión Editorial, Madrid 2011].

AGUSTÍN DE HIPONA, *La Città di Dio*, Einaudi, Turín 1992 [trad. cast. *e.g.* de Rosa María Marina Sáez, *La ciudad de Dios*, reed. en Gredos, Barcelona 2022 y 2023, 3 vols.].

ARCHIBUGI, D. y F. Voltaggio (eds)., *Filosofi per la pace*, Editori Riuniti, Roma 1991.

ARENDT, H., *Vita activa*, Bompiani, Milán 1964 [trad. cast. de Ramón Gil Novales, *La condición humana*, reed. en Austral, Barcelona 2020; ed. original: *The Human Condition*, University of Chicago Press, Chicago 1958].

—, *Sulla rivoluzione*, Edizioni di Comunità, Milán 1983 [trad. cast. de Pedro Bravo, *Sobre la revolución*, reed. en Alianza Editorial, Madrid 2013; ed. original: *On Revolution*, Penguin Books, Nueva York 1963].

—, *Che cos'è la politica?*, Edizioni di Comunità, Milán 1995 [trad. cast. de Rosa Sala Carbó, *¿Qué es la política?*, reed. en Paidós, Barcelona 2018; ed. original: *Was ist Politik?*, ed. póstuma de Ursula Ludz, Piper, Múnich 1993].

ARISTÓTELES, *Ética a Nicómaco* [trad. cast. *e.g.* de José Luis Calvo Martínez, Alianza Editorial, Madrid 2014].

—, *Política* [trad. cast. *e.g.* de Carlos García Gual y Aurelio Pérez Jiménez, Alianza Editorial, Madrid 2015].

ARON, R., *Paz y guerra entre las naciones*, trad. esp. de Luis Cuervo y María del Carmen Ruiz de Elvira, reed. en Alianza Universidad, Madrid 1985, 2 vols.

—, *Machiavelli e le tirannie moderne* (*cf. id.*, «Le machiavélisme, doctrine des tyrannies modernes», artículo de 1940), Seam, Roma 1998.

BACON, F., «Della simulazione e dissimulazione», en *id.*, *Scritti politici giuridici e storici*, Utet, Turín 1971 [trads. casts.: *e.g.* la titulada «De la simulación y la disimulación», en *Revista de Occidente*, n.º 374-375 (2012), pp. 52-55, o la titulada «Sobre la simulación y el disimulo», en F. Bacon, *Ensayos*, trad. de Gonzalo Torné, Galaxia Gutenberg, Barcelona 2023, pp. 41 y ss.; ed. original: «Of Simulation and Dissimulation», en F. Bacon, *The Essays or Counsels, Civil and Moral*, John Haviland, Londres 1625].

BALDINI, A. E. (ed.), *Botero e la «ragion di Stato»*, Olschki, Florencia 1992.

BARKAN, E., *The Guilt of Nations. Restitution and Negotiating Historical Injustices*, Norton, Nueva York 2000.

BATTISTA, A. M., *Politica e morale nella Francia dell'età moderna*, Name, Génova 1998.

BERLIN, I., *Il senso della realtà. Studi sulle idee e la loro storia*, Adelphi, Milán 1998 [trad. cast. de Pedro Cifuentes, *El sentido de la realidad. Sobre las ideas y su historia*, reed. en Taurus, Madrid 2017; ed. original: *The Sense of Reality: Studies in Ideas and their History*, Chatto & Windus, Londres 1996; de I. Berlin, «El juicio político» —uno de los textos contenidos en este vol.—, trad. cast., además de la de Pedro Cifuentes recién mencionada, también de Alberto Supelano en *Revista de Economía Institucional*, 3, 5 (2001), pp. 109-122].

BLOCH, E., *El principio esperanza*, trad. esp. de Felipe González Vicén, Trotta, Madrid 2004-2007, 3 vols.

BLUMENBERG, H., *Elaborazione del mito*, Il Mulino, Bolonia 1991 [trad. cast. de Pedro Madrigal, *Trabajo sobre el mito*, Paidós Ibérica, Barcelona 2003; ed. original: *Arbeit am Mythos*, Suhrkamp, Frankfurt del Meno 1979].

BOBBIO, N., *La teoria delle forme di governo nella storia del pensiero politico*, Giappichelli, Turín 1976.

—, *Saggi sulla scienza politica in Italia*, Laterza, Roma/Bari 1977.

—, *Il futuro della democrazia*, Einaudi, Turín 1991 [trad. cast. de Juan Moreno, *El futuro de la democracia*, Planeta-Agostini, Barcelona 1992].

—, *Thomas Hobbes*, trad. esp. de Manuel Escrivá de Romaní, Paradigma/Plaza & Janés, Barcelona 1991.

—, *Stato, governo, società. Frammenti di un dizionario politico*, Einaudi, Turín 1995 [en trad. esp. véase *id.*, *Estado, gobierno, sociedad. Contribución a una teoría general de la política*, trad. de Luisa Sánchez García, Plaza & Janés, Barcelona 1987, e *id.*, *Estado, gobierno, sociedad*, Movimiento Cultural Cristiano, Madrid 2001].

—, «Etica e politica», en *id.*, *Elementi di politica*, Einaudi Scuola, Milán 1998.

—, *El problema de la guerra y las vías de la paz*, trad. esp. de Jorge Binaghi, reed. en Gedisa, Barcelona 2000.

BONANATE, L., *Etica e politica internazionale*, Einaudi, Turín 1992.

BORRELLI, G., *Ragion di Stato e Leviatano. Conservazione e scambio alle origini della modernità politica*, Il Mulino, Bolonia 1993.

BOVERO, M., «Gramsci e il realismo politico», en F. Sbarberi (ed.), *Teoria politica e società industriale. Ripensare Gramsci*, Bollati Boringhieri, Turín 1988.

—, «Etica e politica tra machiavellismo e kantismo», en *Teoria politica*, IV, 2 (1988), pp. 43-63.

—, «La natura della politica. Potere, forza, legittimità», en *Teoria politica*, XIII, 3 (1997), pp. 3-15.

BROWN, M., S. M. Lynn-Jones y S. E. Miller (eds)., *The Perils of Anarchy: Contemporary Realism and International Security*, MIT Press, Cambridge 1995.

BRUYÈRE, J. de la, *I caratteri*, Einaudi, Turín 1981 [trad. cast. de Consuelo Berges, *Los caracteres o Las costumbres de este siglo*, Hermida Editores, Paracuellos de Jarama (Madrid) 2013; ed. original: *Les Caractères ou les Mœurs de ce siècle*, Estienne Michallet, París 1688].

BUBNER, R., *Geschichtsprozesse und Handlungsnormen*, Suhrkamp, Frankfurt del Meno 1984 [en trad. esp. véase *id.*, *Acción, historia y orden constitucional. Ensayos de filosofía práctica y una reflexión sobre estética*, trad. de Peter Storandt Diller, Fondo de Cultura Económica de Argentina, Buenos Aires 2010].

BULL, H., *The Anarchical Society*, Macmillan, Londres 1977 [trad. cast. titulada *La sociedad anárquica. Un estudio sobre el orden en la política mundial*, Catarata, Madrid 2005].

BURCKHARDT, J., *Sullo studio della Storia. Lezioni e conferenze (1868-1873)*, Einaudi, Turín 1998 [en trad. esp. véase quizás *id.*, *Juicios sobre la historia y los historiadores*, trad. de Azucena Galettini, Katz, Buenos Aires/Madrid 2011].

BURKE, E., *Scritti politici*, Utet, Turín 1963 [en trad. esp. véase *id.*, *Reflexiones sobre la Revolución francesa*, trad. de Esteban Pujals, Ediciones Rialp, Madrid 2020; ed. original: *Reflections on the Revolution in France*, James Dodsley, Londres 1790].

CACCIARI, M., *Geo-filosofia dell'Europa*, Adelphi, Milán 1994 [trad. cast. titulada *Geo-filosofía de Europa*, Alderabán, Madrid 2000].

CANETTI, E., *Massa e potere*, Adelphi, Milán 1981 [trad. cast. de Horst Vogel, *Masa y poder*, Alianza Editorial, Madrid 2013; ed. original: *Masse und Macht*, Claassen, Hamburgo 1960].

—, «Realismo e nuova realtà», en *id.*, *La coscienza delle parole*, Adelphi, Milán 1984, pp. 104 y ss. [trad. cast. de Juan José del Solar, *La conciencia de las palabras*, Fondo de Cultura Económica, Ciudad de México 1982; ed. original: *Das Gewissen der Worte. Essays*, Hanser, Múnich 1975].

CANFORA, L., «Gli storici greci», en L. Firpo (ed.), *Storia delle idee politiche, economiche e sociali*, vol. I, Utet, Turín 1982.

—, *Tucidide e l'impero. La presa di Melo*, Laterza, Roma/Bari 1991.

—, L. Canfora, *Il mistero Tucidide*, Adelphi, Milán 1999 [trad. cast. de Javier Cabrero, *El misterio Tucídides*, Alderabán, Madrid 2001].

CESA, M., «Sicurezza e relazioni internazionali: il paradigma realista rivisitato», en *Rivista Italiana di Scienza Politica*, n.º 2 (1991).

—, *Le ragioni della forza. Tucidide e la teoria delle relazioni internazionali*, Il Mulino, Bolonia 1994 [trad. cast. de Manuel Cuesta, *Las razones de la fuerza. Tucídides y la teoría de las relaciones internacionales*, Alianza Editorial, Madrid 2023].

CIORAN, E. M., *Storia e utopia*, Adelphi, Milán 1982 [trad. cast. de Esther Seligson, *Historia y utopía*, Tusquets, Barcelona 2023; ed. original: *Histoire et Utopie*, Gallimard, París 1960].

CLAUSEWITZ, C. von, *Della guerra*, Mondadori, Milán 1979 [trad. cast. de Celer Pawlowsky, *De la guerra*, Tecnos, Madrid 2010; ed. original: *Vom Kriege. Hinterlassenes Werk des Generals Carl von Clausewitz*, Ferdinand Dümmler, Berlín 1832-1834, 3 vols. (ed. póstuma de Marie von Clausewitz)].

CROCE, B., *Etica e politica*, Laterza, Roma/Bari 1967 [trad. cast. en *id.*, *Ética y política, seguidas de la Contribución a la crítica de mí mismo*, Imán, Buenos Aires 1952].

CZEMPIEL, E. O., *Die Reform der* UNO. *Möglichkeiten und Missverständnisse*, Beck, Múnich 1994.

DETIENNE, M. y J. P. Vernant, *Le astuzie dell'intelligenza nell'antica Grecia*, Mondadori, Milán 1992 [trad. cast. de Antonio Piñero, *Las artimañas de la inteligencia. La 'metis' en la Grecia antigua*, Taurus, Madrid 1988; ed. original: *Les ruses de l'intelligence. La mètis des Grecs*, Flammarion, París 1974].

DEWERPE, A., *Espion. Une anthropologie historique du secret d'État contemporain*, Gallimard, París 1994.

DIEHL, P. y F. Waymann (eds.), *Reconstructing Realpolitik*, University of Michigan Press, Ann Arbor 1994.

DILTHEY, W., «Contributi alla soluzione del problema circa l'origine e il diritto della nostra credenza alla realtà del mondo esterno», en *id.*, *Per la fondazione delle scienze dello spirito. Scritti editi e inediti 1860-1896*, Angeli, Milán 1985, pp. 228-276 [en trad. esp. véase quizás *id.*, *Introducción a las ciencias del espíritu. Ensayo de una fundamentación del estudio de la sociedad y de la historia*, trad. de Julián Marías, reed. en Alianza Editorial, Madrid 1986; ed. original: «Beiträge zur Lösung der Frage vom Ursprung unseres Glaubens an die Realität der Außenwelt und seinem Recht», en *Sitzungsberichte der königlich-preußischen Akademie der Wissenschaften zu Berlin* (1890)].

DWORKIN, R. y S. Maffettone, *I fondamenti del liberalismo*, Laterza, Roma/Bari 1996.

EIBL-EIBESFELDT, I., *Guerra y paz. Una visión de la etología*, trad. esp. de Rosa Pilar Blanco, reed. en Salvat, Barcelona 1995.

ELSTER, J., *Alquimias de la mente. La racionalidad y las emociones*, trad. esp. de Albino Santos Mosquera, El Roure, Esplugues de Llobregat (Barcelona) 2002.

ESPOSITO, R., *L'origine della politica. Hannah Arendt o Simone Weil?*, Donzelli, Roma 1996 [trad. cast. de Rosa Rius Gatell, *El origen de la política. ¿Hannah Arendt o Simone Weil?*, Paidós Ibérica, Barcelona 1999].

FERRAJOLI, L., *La sovranità nel mondo moderno*, Laterza, Roma/Bari 1997.

—, *'Principia iuris' 1. Teoría del derecho y 'Principia iuris' 2. Teoría de la democracia*, trad. esp. de Perfecto Andrés Ibáñez, Juan Carlos Bayón, Marina Gascón, Luis Prieto Sanchís y Alfonso Ruiz Miguel, Trotta, Madrid 2016.

FLORIDI, L., *La Quarta Rivoluzione. Come l'infosfera sta trasformando il mondo*, Raffaello Cortina, Milán 2017.

FOUCAULT, M., *Difendere la società. Dalla guerra delle razze al razzismo di stato*, Ponte alle Grazie, Florencia 1990 [en trad. esp. véase *id.*, *Hay que defender la sociedad. Curso del Collège de France (1975-1976)*, trad. de Horacio Pons, Akal, Tres Cantos (Madrid) 2003; ed. original: *«Il faut défendre la société» (1975-1976)*, Gallimard, París 1997].

FRANKEL, B. (ed)., *Realism: Restatements and Renewal*, Frank Cass, Londres 1996.
– (ed)., *Roots of Realism*, Frank Cass, Londres 1996.

FREUD, S., *Introduzione alla psicoanalisi*, en *id.*, *Opere*, vol. VIII, Boringhieri, Turín 1989 [trad. cast. de Luis López-Ballesteros y de Torres, *Introducción al psicoanálisis*, Alianza Editorial, Madrid 2011; ed. original: *Vorlesungen zur Einführung in die Psychoanalyse*, Hugo Heller, Leipzig/Viena 1916-1917, 3 vols.].

FREUND, J., *La esencia de lo político*, trad. esp. de Sofía Nöel, Centro de Estudios Políticos y Constitucionales, Madrid 2018.

FRIEDRICH, C. J., *Constitutional Reason of State*, Brown University Press, Rhode Island 1957.

GALLI, C., *Genealogía de la política. Carl Schmitt y la crisis del pensamiento político moderno*, trad. esp. de Rodrigo Molina-Zavalía, Unipe Editorial Universitaria, Buenos Aires 2018.

GILPIN, R. G., *War and Change In World Politics*, Cambridge University Press, Cambridge 1981.

–, «No One Loves a Political Realist», en B. Frankel (ed)., *Realism: Restatements and Renewal*, *op. cit.* supra en el presente apartado de bibliografía, pp. 3-26.

GRAZIA, S. de, *Machiavelli all'inferno*, Laterza, Roma/Bari 1990 [trad. cast. de Hernando Valencia Goelkel, *Maquiavelo en el infierno*, Norma, Colombia (sic) 1994].

GROEBEL, J., y R. A. Hinde (eds)., *Aggression and War. Their Biological and Social Bases*, Cambridge University Press, Cambridge/Nueva York 1989.

GUICCIARDINI, F., *Dialogo e Discorsi del reggimento di Firenze*, Laterza, Bari 1932 [trad. cast. de Antonio Hermosa Andújar, *Diálogo sobre el gobierno de Florencia*, Akal, Tras Cantos (Madrid) 2017].

–, *Considerazioni intorno ai discorsi del Machiavelli sopra la prima deca di Tito Livio*, en *id.*, *Scritti politici e ricordi*, ed. de Roberto Palmarocchi –vol. 7 de las *Opere* de Guicciardini–, Laterza, Bari 1933, pp. 1-65.

–, *Ricordi*, Garzanti, Milán 1975 [trad. cast. de Antonio Hermosa Andújar, *Recuerdos*, Centro de Estudios Constitucionales, Madrid 1988].

–, *Consolatoria Accusatoria Defensoria. Autodifesa di un politico*, ed. de U. Dotti, Laterza, Roma/Bari 1993.

HABERMAS, J., *Facticidad y validez. Sobre el derecho y el Estado democrático de derecho en términos de teoría del discurso*, trad. esp. de Manuel Jiménez Redondo, reed. en Trotta, Madrid 1998.

–, *Teoría de la acción comunicativa*, trad. esp. de Manuel Jiménez Redondo, Trotta, Madrid 2010.

HALLER, K. L. von, *La restaurazione della scienza politica*, Utet, Turín 1976 [ed. original: *Restauration der Staats-Wissenschaft, oder, Theorie des natürlich-geselligen Zustands, der Chimäre des künstlich-bürgerlichen entgegengesetzt*, Steiner, Winterthur 1816-1834, 6 vols.].

HARRINGTON, J., *La república de Oceana*, trad. esp. de Enrique Díez Canedo y Andrés de Francisco, Centro de Estudios Políticos y Constitucionales, Madrid 2013 [ed. original: *The Common-Wealth of Oceana*, John Streater, Londres 1656].

F. A. von Hayek, *Derecho, legislación y libertad. Una nueva formulación de los principios liberales de la justicia y de la economía política*, Unión Editorial, Madrid 2006.

HEGEL, G. W. F., *Scritti politici*, Einaudi, Turín 1972 [de *La Constitución de Alemania* trad. cast. de Dalmacio Negro Pavón, Tecnos, Madrid 2010; ed. original: *Kritik der verfassung Deutschlands*, ed. póstuma en T. G. Fisher, Kassel 1893].

—, *Lineamenti di filosofia del diritto. Diritto naturale e scienza dello Stato in compendio*, Laterza, Roma/Bari 1991 [trad. cast. *e.g.* de Manuel Jiménez Redondo, *Líneas fundamentales de la filosofía del derecho o Compendio de derecho natural y ciencia del Estado (para uso en sus lecciones)*, Ápeiron Ediciones, Madrid 2022; ed. original: *Grundlinien der Philosophie des Rechts oder Naturrecht und Staatswissenschaft im Grundrisse*, Nicolai, Berlín 1821].

HEIDEGGER, M., *Essere e tempo*, Longanesi, Milán 1976 [trad. cast. *e.g.* de Jorge Eduardo Rivera C., *Ser y tiempo*, Trotta, Madrid 2009].

HERZ, J. H., «Idealist Internationalism and the Security Dilemma», en *World Politics*, 2 (1950), pp. 157-180.

—, *Political Realism and Political Idealism. A Study in Theories and Realities*, The University of Chicago Press, Chicago 1951.

HIRSCHMAN, A., *La retórica reaccionaria. Perversidad, futilidad y riesgo*, trad. esp. de Teresita de Vedia, Clave Intelectual, Madrid 2020 [trad. cast. también de Tomás Segovia, *Retóricas de la intransigencia*, reed. en Fondo de Cultura Económica, Ciudad de México 2004; ed. original: *The Rhetoric of Reaction: Perversity, Futility, Jeopardy*, The Belknap Press of Harvard University Press, Cambridge (Massachusetts) 1991].

HOBBES, T., *Opere politiche*, Utet, Turín 1971 [del *De cive* trad. cast. *e.g.* de Carlos Mellizo Cuadrado, mismo título latino con el subtítulo *Elementos filosóficos sobre el ciudadano*, reed. en Alianza Editorial, Madrid 2016; del *De homine* hay ed. esp. de Joaquín Rodríguez Feo, *Tratado sobre el hombre*, Universidad Nacional de Educación a Distancia, Madrid 2008; del *Leviatán* trad. cast. *e.g.* del mismo Carlos Mellizo Cuadrado recién dicho, siempre en Alianza Editorial, Madrid 2018 (ed. original: *Leviathan or The Matter, Forme and Power of a Commonwealth Ecclesiasticall and Civil*, Andrew Crooke, Londres 1651)].

HÖFFE, O., *Persino un popolo di diavoli ha bisogno dello Stato*, Giappichelli, Turín 1993 [ed. original: *Den Staat braucht selbst ein Volk von Teufeln: philosophische Versuche zur Rechts- und Staatsethik*, Reclam, Stuttgart 1988].

HOLMES, S., *Anatomía del antiliberalismo*, trad. de Gonzalo del Puerto, Alianza Editorial, Madrid 1999.

HÖSLE, V., *Moral und Politik. Grundlagen einer politischen Ethik für das 21. Jahrhundert*, Beck, Múnich 1997.

JAGUIN, A., «Tucidide, ovvero: attualità di un inattuale», en *Quaderni di storia* 5 (1977).

JONAS, H., *El principio de responsabilidad. Ensayo de una ética para la civilización tecnológica*, trad. esp. de Javier María Fernández Retenga, Herder, Barcelona 2008.

JOUVENEL, B. de, *La teoria pura della politica*, Giuffrè, Milán 1997 [trad. cast. de J. M. de la Vega, *La teoría pura de la política*, Revista de Occidente, Madrid 1965; ed. original: *The Pure Theory of Politics*, Yale University Press, New Haven 1963].

JULLIEN, F., *Trattato dell'efficacia*, Einaudi, Turín 1998 [trad. cast. de Anne-Hélène Suárez, *Tratado de la eficacia*, Siruela, Madrid 1999; ed. original: *Traité de l'efficacité*, Grasset, París 1997].

KANT, I., *Per la pace perpetua*, en *id.*, *Scritti politici e di filosofia della storia e del diritto*, Utet, Turín 1965 [trad. cast. de Joaquín Abellán, *La paz perpetua*, Alianza Editorial, Madrid 2016; ed. original: *Zum ewigen Frieden. Ein philosophischer Entwurf*, Friedrich Nicolovius, Königsberg 1795].

—, *Antropologia dal punto di vista pragmatico*, en *id.*, *Scritti morali*, Utet, Turín 1970 [trad. cast. de José Gaos, *Antropología*, reed. en Alianza Editorial, Madrid 2015; ed. original: *Anthropologie in pragmatischer Hinsicht*, Friedrich Nicolovius, Königsberg 1798].

KAUPPI, M., «Thucydides: Character and Capabilities», en B. Frankel (ed.)., *Roots of Realism*, *op. cit. supra* en el presente apartado de bibliografía.

KAUTILYA, *Arthasastra. La ciencia política de la adquisición y el mantenimiento de la tierra*, ed. de Omar Guerrero, Miguel Ángel Porrúa, Ciudad de México 2008.

KELSEN, H., *La pace attraverso il diritto*, Giappichelli, Turín 1990 [trad. cast. de Luis Echávarri, *La paz por medio del derecho*, Trotta, Madrid 2003; ed. original: *Peace Through Law*, The University of North Carolina Press, Chapel Hill 1944].

KEOHANE, R. O. (ed.)., *Neorealism and its Critics*, Columbia University Press, Nueva York 1986.

KIPNIS, K. y D. Meyers (eds.)., *Political Realism and International Morality*, Westview Press, Boulder 1987.

LEBOW, R. N. y T. Risse-Kappen (eds.)., *International Relations Theory and the End of the Cold War*, Columbia University Press, Nueva York 1995.

LEBOW, R. N. y B. S. Strauss (eds.)., *Hegemonic Rivalry. From Thucydides to the Nuclear Age*, Westview, Boulder 1991.

LUTERO, M., «La autoridad civil», en *id.*, *Obras reunidas 3. Cartas. Charlas de sobremesa*, ed. de Gabriel Tomás, Trotta, Madrid 2023, pp. 499 y ss.

MACCHIA, G., *I moralisti classici. Da Machiavelli a La Bruyère*, Adelphi, Milán 1988.

MAISTRE, J. de, *Le serate di Pietroburgo*, Rusconi, Milán 1986 [trad. cast. de Nicolás Malo, *Las veladas de San Petersburgo. Coloquios sobre el gobierno temporal de la providencia*, Desván de Hanta, Barcelona 2016; ed. original: *Les Soirées de Saint-Pétersbourg ou Entretiens sur le gouvernement temporel de la Providence*, ed. póstuma de Rodolphe de Maistre, J. B. Pélagaud, Lyon/París 1821].

MANDEVILLE, B., *La favola delle api*, Laterza, Roma/Bari 1987 [trad. cast. de José Ferrater Mora, *La fábula de las abejas o Los vicios privados hacen la prosperidad pública*, reed. en Fondo de Cultura Económica de España, Madrid 1997; ed. original: *The Fable of the Bees, or: Private Vices, Publick Benefits*, J. Rorerts (*sic*), Londres 1714].

MAQUIAVELO, N., *Lettere*, en *id.*, *Opere*, vol. III, Utet, Turín 1984 [trad. cast. de Stella Mastrangelo, *Epistolario 1512-1527*, reed. en Fondo de Cultura Económica, Ciudad de México 2013].

—, *Il principe*, en *id.*, *Opere*, vol. I, Einaudi, Turín 1997 [trad. cast. *e.g.* de Miguel Ángel Granada Martínez, *El príncipe*, Alianza Editorial, Madrid 2010].

—, *Discorsi*, en *id.*, *Opere*, vol. I [trad. cast. *e.g.* de Ana Martínez Arancón, *Discursos sobre la primera década de Tito Livio*, Alianza Editorial, Madrid 2015].

—, *Historie fiorentine di Niccolo Machiavelli cittadino, et segretario fiorentino*, Florencia 1532 [trad. cast. de Félix Fernández Murga, *Historia de Florencia. 'Istorie Fiorentine'*, Tecnos, Madrid 2009].

MARX, K., *Il Capitale. Critica dell'economia politica*, Einaudi, Turín 1975 [trad. cast. *e.g.* de Vicente Romano García, *El capital*, Akal, Tres Cantos (Madrid) 2022; ed. original: *Das Kapital. Kritik der politischen Oekonomie*, Verlag von Otto Meissner, Hamburgo 1867].

MARX, K. y F. Engels, *Manifiesto comunista*, trad. esp. *e.g.* de Pedro Ribas, Alianza Editorial, Madrid 2011.

MATTEI, R. de, *Il problema della «Ragion di Stato» nell'età della Controriforma*, Ricciardi, Milán/Nápoles 1979.

MAZARINO, J. R. (cardenal), *Breviario dei politici secondo il Cardinale Mazzarino* (1684), ed. de G. Macchia, Rizzoli, Milán 1981 [trad. cast. (del original latino) de Alejandra de Riquer, *Breviario de los políticos. De los cuadernos de notas del Cardenal Mazarino*, Acantilado, Barcelona 2007].

MAZZARINO, S., *Il pensiero storico classico*, reed. en Laterza, Roma/Bari 1990.

MEINECKE, F., *L'idea della ragion di Stato nella storia moderna*, Sansoni, Florencia 1977 [trad. cast. de Felipe González Vicen, *La idea de la razón de estado en la Edad Moderna*, Centro de Estudios Políticos y Constitucionales, Madrid 2014; ed. original: *Die Idee der Staatsräson in der neueren Geschichte*, Druck und Verlag von R. Oldenbourg, Múnich/Berlín 1924].

MIGLIO, G., *Le regolarità della politica*, Giuffrè, Milán 1988.

MOMIGLIANO, A., *Storia e storiografia antica*, Il Mulino, Bolonia 1987 [en trad. esp. véase *id.*, *La historiografía griega*, trad. esp. de José Martínez Gázquez, Crítica, Barcelona 1984].

MONTAIGNE, M. de, *Saggi*, Mondadori, Milán 1986 [trad. cast. *e.g.* de J. Bayod Brau, *Los ensayos*, Acantilado, Barcelona 2021; (última) ed. original: *Essais*, Abel l'Angelier, París 1588].

MONTESQUIEU, C. L. de, *Oeuvres complètes*, vol. I, Gallimard, París 1949.

—, *Del Espíritu de las Leyes*, trad. esp. *e.g.* de Mercedes Blázquez y Pedro de Vega, Alianza Editorial, Madrid 2015.

MORGENTHAU, H. J., *Scientific Man versus Power Politics*, University of Chicago Press, Chicago 1946.

—, *Politica tra le nazioni. La lotta per il potere e la pace*, Il Mulino, Bolonia 1997 [trad. cast. titulada *Política entre las naciones. La lucha por el poder y la paz*, Ediciones Jurídicas Olejnik, Santiago de Chile 2020; ed. original: *Politics Among Nations: The Struggle for Power and Peace*, Alfred A. Knopf, Nueva York 1948].

MOSCA, G., *Scritti politici*, Utet, Turín 1982.

MÜNKLER, H., *Im Namen des Staates. Die Begründung der Staatsraison in der Frühen Neuzeit*, Fischer, Frankfurt del Meno 1987.

—, *Der Wandel des Krieges. Von der Symmetrie zur Asymmetrie*, Velbrück Wissenschaft, Weilerswist 2006.

—, *Kriegssplitter. Die Evolution der Gewalt im 20. Und 21. Jahrhundert*, Rowohlt, Reinbek 2015.

NAUDÉ, G., *Considerazioni politiche sui colpi di Stato*, Giuffrè, Milán 1992 [trad. cast. de Carlos Gómez Rodríguez, *Consideraciones políticas sobre los golpes de Estado*, Tecnos, Madrid 2011; ed. original: *Considérations politiques sur les coups d'estat*, s. e., s. l. 1667].

NIEBUHR, R., *Uomo morale e società immorale*, Jaca Book, Milán 1968 [trad esp.: *El hombre moral y la sociedad inmoral. Un estudio sobre ética y política*, Siglo Veinte, Buenos Aires 1966; ed. original: *Moral Man and Immoral Society: A Study of Ethics and Politics*, Charles Scribner's Sons, Nueva York 1932].

NIETZSCHE, F., *Genealogia della morale. Uno scritto polemico*, Adelphi, Milán 1984 [trad. cast. *e.g.* de Andrés Sánchez Pascual, *La genealogía de la moral*, reed. en Alianza Editorial, Madrid 2011; ed. original: *Zur Genealogie der Moral. Eine Streitschrift*, Verlag von C. G. Naumann, Leipzig 1887].

—, *Sull'utilità e il danno della storia per la vita*, Adelphi, Milán 1994 [trad. cast. de Joan B. Llinares, *De la utilidad y los inconvenientes de la historia para la vida. Segunda consideración intempestiva*, Tecnos, Madrid 2018; ed. original: *Unzeitgemässe Betrachtungen. Zweites Stück: Vom Nutzen und Nachtheil der Historie für das Leben*, E. W. Fritzsch, Leipzig 1874].

—, *L'Anticristo*, en *id.*, *L'Anticristo. Maledizione del cristianesimo*, Adelphi, Milán 1995 [trad. cast. *e.g.* de Andrés Sánchez Pascual, *El anticristo. Maldición sobre el cristianismo*, reed. en Alianza Editorial, Madrid 2011; ed. original: *Der Antichrist. Fluch auf das Christentum*, Druck und Verlag von C. G. Naumann, Leipzig 1894].

OPPENHEIM, F. E., *The place of morality in foreign policy*, Lexington Books, Lexington (Massachusetts) 1991.

ORNAGHI, L. (ed.)., *Il concetto di «interesse»*, Giuffrè, Milán 1984.

OSTWALD, M., *'Anánke' in Thucydides*, Scholars Press, Atlanta 1988.

PANEBIANCO, A., *Guerrieri democratici. Le democrazie e la politica di potenza*, Il Mulino, Bolonia 1997.

—, «Realismo politico e scienze sociali», en A. Campi y S. De Luca (eds.)., *Il realismo politico. Figure, concetti, prospettive di ricerca*, Rubbettino, Soveria Mannelli 2015, pp. 35 y ss.

PARETO, V., *Trattato di sociologia generale*, Edizioni di Comunità, Milán 1964.

PASCAL, B., *Pensieri*, Einaudi, Turín 1962 [trad. cast. *e.g.* de Xavier Zubiri, *Pensamientos*, reed. en Alianza Editorial, Madrid 2015; ed. original: *Pensées de M. Pascal sur la religion et sur quelques autres sujets, qui ont esté trouvées après sa mort parmy ses papiers*, Guillaume Desprez, París 1670].

PASSERIN d'Entrèves, A., *Dottrina dello Stato. Elementi di analisi e di interpretazione*, Giappichelli, Turín 1967 [trad. cast. titulada *La noción de Estado. Una introducción a la teoría política*, Ariel, Barcelona 2001].

PISTONE, S., «Ragion di Stato», en N. Bobbio, N. Matteucci y G. Pasquino (eds.), *Dizionario di politica*, Utet, Turín 1983 [hay ed. esp. de José Aricó y Jorge Tula, *Diccionario de política*, reed. en Siglo XXI de España, Madrid 1982].

PLATÓN, *Tutti gli scritti*, Rusconi, Milán 1991 [de *La república* trad. cast. *e.g.* de José Manuel Pabón y Manuel Fernández-Galiano, reed. en Alianza Editorial, Madrid 2013; del *Gorgias*, *e.g.* de Francisco Javier Martínez García, reed. —junto con el *Protágoras* y la «Carta séptima»— por la misma casa editora en 2015; de *Las leyes*, *e.g.* de los mismos José Manuel Pabón y Manuel Fernández-Galiano recién mencionados, reed. siempre en Alianza Editorial, Madrid 2014].

POLIBIO, *Historia de Roma*, trad. esp. de José María Candau Morón, Alianza Editorial, Madrid 2018

PONTARA, G., *Se il fine giustifichi i mezzi*, Il Mulino, Bolonia 1974.

—, *Antigone o Creonte. Etica e politica nell'era atomica*, Editori Riuniti, Roma 1990.

PORTINARO, P. P., «Il grande legislatore e il custode della costituzione», en *id. et al.* (eds.), *Il futuro della costituzione*, Einaudi, Turín 1996, pp. 5-34.

POUNCEY, P. R., *The Necessities of War. A Study of Thucydides' Pessimism*, Columbia University Press, Nueva York 1980.

RAWLS, J., *Teoría de la justicia*, trad. esp. de María Dolores González, reed. en Fondo de Cultura Económica, Madrid 1997.

—, *El derecho de gentes*, trad. esp. de Hernando Valencia Villa, Paidós Ibérica, Barcelona 2001.

RICHELIEU, A. J. du Plessis de, *Testamento politico e massime di Stato*, Giuffrè, Milán 1988.

RITTER, G., *Il volto demoniaco del potere*, Il Mulino, Bolonia 1958 [ed. original: *Machtstaat und Utopie. Vom Streit um die Dämonie der Macht seit Macchiavelli und Morus*, Oldenbourg, Múnich 1940; ed. reelaborada: *Die Dämonie der Macht. Betrachtungen über Geschichte und Wesen des Machtproblems im politischen Denken der Neuzeit*, Hannsmann, Stuttgart 1947].

ROCHAU, L. A. von, *Grundsätze der Realpolitik*, Ullstein, Frankfurt del Meno 1972.

ROUSSEAU, J. J., *Del contrato social*, trad. esp. de Mauro Armiño, Alianza Editorial, Madrid 2012.

SALVADORI, M. L., *Potere e libertà nel mondo moderno. John C. Calhoun: un genio imbarazzante*, Laterza, Roma/Bari 1996.

SARTORI, G., *Democrazia e definizioni*, Il Mulino, Bolonia 1957.

—, *The Theory of Democracy Revisited*, Chatham House, Chatham 1987.

—, *Ingegneria costituzionale comparata*, Il Mulino, Bolonia 1995.

—, *¿Qué es la democracia?*, trad. esp. de Miguel Ángel González Rodríguez, María Cristina Pestellini Salomon y Miguel Ángel Ruiz de Azúa, Taurus, Madrid 2007.

SASSO, G., *Per Francesco Guicciardini. Quattro studi*, Istituto Storico Italiano per il Medio Evo, Roma 1984.

—, *Machiavelli e gli antichi e altri saggi*, Ricciardi, Milán/Nápoles 1987.

—, *Niccolò Machiavelli*, Il Mulino, Bolonia 1993, 2 vols.

SCHMITT, C., *Le categorie del «politico»*, ed. de G. Miglio y P. Schiera, Il Mulino, Bolonia 1972 [esta colección de escritos de C. Schmitt en trad. italiana incluye *id.*, *Der Begriff des Politischen* (1932), texto del que trad. cast. de Rafael Agapito, *El concepto de lo político*, reed. en Alianza Editorial, Madrid 2024].

—, *La dittatura. Dalle origini dell'idea moderna di sovranità alla lotta di classe proletaria*, Laterza, Roma/Bari 1975 [trad. cast. de José Díaz García, *La dictadura. Desde los comienzos del pensamiento moderno de la soberanía hasta la lucha de clases proletaria*, Alianza Editorial, Madrid 2013; ed. original: *Die Diktatur. Von den Anfängen des modernen Souveränitätsgedankens bis zum proletarischen Klassenkampf*, Duncker & Humblot, Múnich/Leipzig 1921].

—, *La defensa de la constitución*, trad. esp. de Manuel Sánchez Sarto, reed. en Tecnos, Madrid 1998 [ed. original: *Der Hüter der Verfassung*, Mohr, Tubinga 1931].

SCHOPENHAUER, A., *Parerga e paralipomena*, Adelphi, Milán 1983 [trad. cast. de Pilar López de Santa María, *Parerga y paralipómena*, Trotta, Madrid 2006 y 2009, 2 vols.; ed. original: *Parerga und Paralipomena. Kleine philosophische Schriften*, A. W. Hayn, Berlín 1851].

SCHUMPETER, J. A., *Capitalismo, socialismo e democrazia*, Etas Kompass, Milán 1967 [trad. cast. de Roberto Ramos Fontecoba, *Capitalismo, socialismo y democracia*, Página Indómita, Barcelona 2015; ed. original: *Capitalism, Socialism, and Democracy*, Harper & Brothers, Nueva York/Londres 1942].

SCUCCIMARRA, L., *Proteggere l'umanità. Sovranità e diritti umani nell'epoca globale*, Il Mulino, Bolonia 2016.

SENELLART, M., *Les arts de gouverner. Du «regimen» médiéval au concept de gouvernement*, Seuil, París 1995.

SIMMEL, G., *Sociologia*, Edizioni di Comunità, Turín 1998 [trad. cast. titulada *Sociología. Estudios sobre las formas de socialización*, reed. en Alianza Editorial, Madrid 1986, 2 vols.; ed. original: *Soziologie. Untersuchungen über die Formen der Vergesellschaftung*, Duncker & Humblot, Leipzig 1908].

SKINNER, Q., *Reason and Rhetoric in the Philosophy of Hobbes*, Cambridge University Press, Cambridge/Nueva York 1996.

—, *Maquiavelo*, trad. esp. de Manuel Benavides, Alianza Editorial, Madrid 2020.

SPINOZA, B., *Tratado político*, trad. de Atilano Domínguez Basalo, Alianza Editorial, Madrid 2013.

STERNBERGER, D., *Drei Wurzel der Politik*, Insel, Frankfurt del Meno 1978.

STOCKHAMMER, N., *Das Prinzip Macht. Die Rationalität politischer Macht bei Thukydides, Machiavelli und Michel Foucault*, Nomos, Baden-Baden 2009.

STOLLEIS, M., «Il leone e la volpe. Una massima politica del primo assolutismo», en *id.*, *Stato e ragion di stato nella prima età moderna*, Il Mulino, Bolonia 1998.

STRAUSS, L., *Diritto naturale e storia*, Il Melangolo, Génova 1990 [trad. cast. de Ángeles Leiva Morales y Rita Da Costa García, *Derecho natural e historia*, Círculo de Lectores, Barcelona 2000; ed. original: *Naturrecht und Geschichte*, Koehler, Stuttgart 1956].

—, *Gerusalemme e Atene. Studi sul pensiero politico dell'Occidente*, Einaudi, Turín 1998.

SUN TZU, *El arte de la guerra*, trad. esp. de Gabriel García-Noblejas Sánchez-Cendal, reed. en Alianza Editorial, Madrid 2022.

TABONI, P. F., *La città di Caino e la città di Prometeo. Una lettura con Leo Strauss*, QuattroVenti, Urbino 1998.

TALMON, J., *Los orígenes de la democracia totalitaria*, trad. esp. de Manuel Cardenal Iracheta, Aguilar, Ciudad de México 1956.

TOCQUEVILLE, A. de, *Scritti, note e discorsi politici 1839-1852*, Bollati Boringhieri, Turín 1994 [en trad. esp. véase quizás *id.*, *Discursos y estudios políticos*, trad. de Antonio Hermosa Andújar, Centro de Estudios Políticos y Constitucionales, Madrid 2005].

TREITSCHKE, H., *La politica*, Laterza, Bari 1918 [ed. original: *Politik. Vorlesungen gehalten an der Universität zu Berlin*, Hirzel, Leipzig 1897-1901, varios vols.].

TUCÍDIDES, *Historia de la Guerra del Peloponeso*, trad. esp. de Antonio Guzmán Guerra, reed. en Alianza Editorial, Madrid 2014.

UNTERSTEINER, M., *I sofisti*, Bruno Mondadori, Milán 1996.

VASQUEZ, J. A., *The Power of Power Politics. From Classical Realism to Neotraditionalism*, Cambridge University Press, Cambridge/Nueva York 1998.

VECA, S., *Dell'incertezza. Tre meditazioni filosofiche*, Feltrinelli, Milán 1997.

—, *L'idea di incompletezza*, Feltrinelli, Milán 2011.

—, *Il senso della possibilità. Sei lezioni*, Feltrinelli, Milán 2018.

VILLARI, R., *Elogio della dissimulazione. La lotta politica nel Seicento*, Laterza, Roma/Bari 1987.

VIROLI, M., *Dalla politica alla ragion di Stato*, Donzelli, Roma 1994.

VOGT, J., «Dämonie der Macht und Weisheit der Antike», en H. Herter (ed.)., *Thukydides*, Wissenschaftliche Buchgesellschaft, Darmstadt 1968, pp. 282-308.

WALTZ, K. N., *Theory of International Politics*, McGraw Hill, Nueva York 1979.

WALZER, M., *Guerre giuste e ingiuste*, Liguori, Nápoles 1990 [trad. cast. de Tomás Fernández Aúz y Beatriz Eguibar, *Guerras justas e injustas. Un razonamiento moral con ejemplos históricos*, Paidós Ibérica, Barcelona 2001; ed. original: *Just and Unjust Wars: A Moral Argument with Historical Illustrations*, Basic Books, Nueva York 1977].

WEBER, M., *Economia e società*, Edizioni di Comunità, Milán 1974 [trad. cast. de José Medina Echavarría *et al.*, *Economía y sociedad. Esbozo de sociología comprensiva*, reed. en Fondo de Cultura Económica de España, Madrid 2002; ed. original: *Wirtschaft und Gesellschaft*, Mohr, Tubinga 1922].

—, «La politica come professione» (= «Politik als Beruf», conferencia pronunciada en 1919), en *id.*, *Il lavoro intellettuale come professione*, Einaudi, Turín 1976 [en trad. esp. véase *id.*, *La política como profesión* y *La ciencia como profesión*, eds., ambos vols., de Joaquín Abellán para Biblioteca Nueva, Madrid 2021 y 2020, respectivamente].

—, *Saggi sulla dottrina della scienza*, De Donato, Bari 1980.

—, *Parlamento e governo nel nuovo ordinamento della Germania*, Einaudi, Turín 1982 [en trad. esp. véase probablemente *id.*, *Escritos sobre la reorganización político-constitucional de Alemania (1918-1919)*, trad. de Joaquín Abellán, Tecnos, Madrid 2023; ed. original: *Parlament und Regierung im neugeordneten Deutschland. Zur politischen Kritik des Beamtentums und Parteiwesens*, Duncker & Humblot, Múnich/Leipzig 1918].

WILHELM, U., *Das Deutsche Kaiserreich und seine Justiz. Justizkritik, politische Strafrechtsprechung, Justizpolitik*, Duncker & Humblot, Berlín 2010.

WILLIAMS, B., *En el principio era la acción. Realismo y moralismo en el argumento político*, trad. esp. de Adolfo García de la Sienra, Fondo de Cultura Económica, Ciudad de México 2012.

WOLIN, S. S., *Politica e visione. Continuità e innovazione nel pensiero politico occidentale*, Il Mulino, Bolonia 1996 [trad. cast. de Ariel Bignami, *Política y perspectiva. Continuidad y cambio en el pensamiento político occidental*, Amorrortu Editores, Buenos Aires 1973; ed. original: *Politics and Vision: Continuity and Innovation in Western Political Thought*, Little, Brown and Company, Boston 1960].

ZAGREBELSKY, G., *Il diritto mite. Legge, diritti, giustizia*, Einaudi, Turín 1992 [trad. cast. de Marina Gascón, *El derecho dúctil. Ley, derechos, justicia*, reed. en Trotta, Madrid 1997].

ZARKA, Y. C. (ed.), *Raison et déraison d'Etat*, PUF, París 1994.

ZOLO, D., *Cosmópolis. Perspectiva y riesgos de un gobierno mundial*, trad. esp. de Rafael Grasa y Francesc Serra, Paidós Ibérica, Barcelona 2000.

—, *Il principato democratico. Per una teoria realistica della democrazia*, Feltrinelli, Milán 1992 [trad. cast. titulada *Democracia y complejidad. Un enfoque realista*, Nueva Visión, Buenos Aires 1994].

Índice onomástico